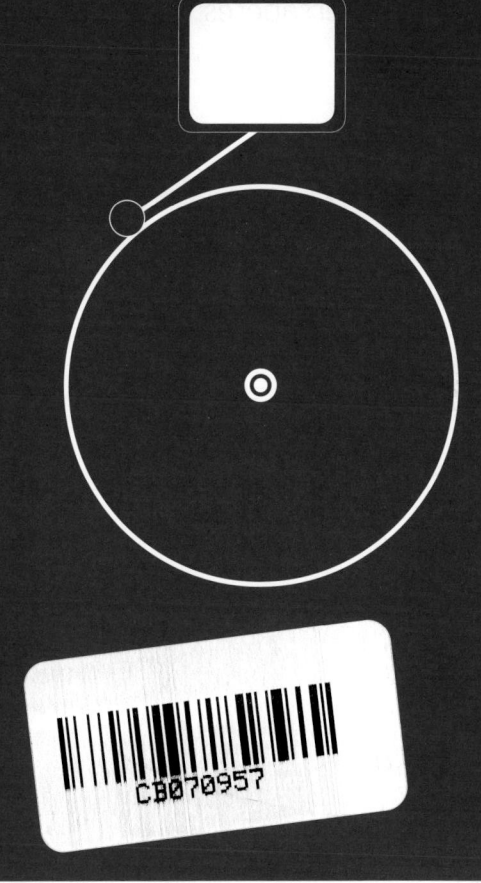

Gestão organizacional e escolar:
uma análise crítica

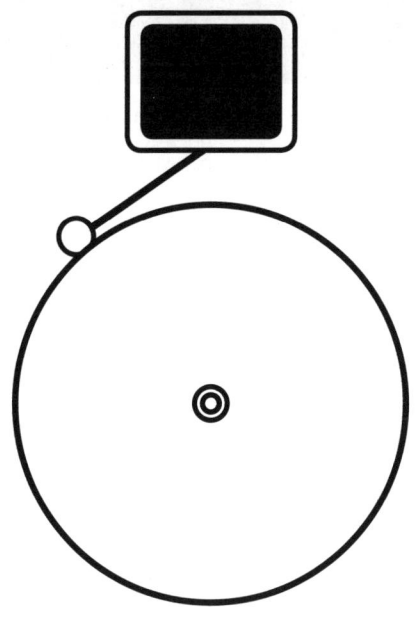

Henrique Wellen
Héricka Wellen

Gestão organizacional e escolar:
uma análise crítica

EDITORA
intersaberes

Rua Clara Vendramim, 58 – Mossunguê
CEP 81200-170 – Curitiba – PR – Brasil
Fone: (41) 2106-4170
www.intersaberes.com
editora@editoraintersaberes.com.br

Conselho editorial	Dr. Ivo José Both (presidente)
	Dr.ª Elena Godoy
	Dr. Nelson Luís Dias
	Dr. Neri dos Santos
	Dr. Ulf Gregor Baranow
Editor-chefe	Lindsay Azambuja
Editor-assistente	Ariadne Nunes Wenger
Análise de informação	Ariadne Nunes Wenger
Revisão de texto	Alexandre Olsemann
Design de capa e miolo	Frederico Santos Burlamaqui

Dados Internacionais de Catalogação na Publicação (CIP)
(Câmara Brasileira do Livro, SP, Brasil)

Wellen, Henrique André Ramos
    Gestão organizacional e escolar: uma análise crítica / Henrique André Ramos Wellen, Héricka Karla Alencar de Medeiros. – Curitiba: InterSaberes, 2012. – (Série Processos educacionais)

Bibliografia.
ISBN 978-85-8212-069-9

1. Escolas – Administração e organização – Estudo e ensino 2. Organizações – Administrações I. Medeiros, Héricka Karla Alencar de II. Título III. Série.

12-07729   CDD-371.2
                                - 658

Índices para catálogo sistemático:
1. Escolas: Gestão organizacional 371.2
2. Organizações: Administração 658

1ª edição, 2012.

Foi feito o depósito legal.

Informamos que é de inteira responsabilidade dos autores a emissão de conceitos.

Nenhuma parte desta publicação poderá ser reproduzida
por qualquer meio ou forma sem a prévia autorização da Editora InterSaberes.

A violação dos direitos autorais é crime estabelecido
na Lei nº 9.610/1998 e punido pelo art. 184 do Código Penal.

Sumário

Apresentação 7

1 Fundamentos da gestão capitalista 17
1.1 Exploração do trabalho e gestão capitalista 29

2 Princípios e representantes da gestão capitalista 41
2.1 Outros elementos da gestão capitalista 59

3 Gestão capitalista: ciência ou ideologia? 77
3.1 O trabalhador e a gestão capitalista 90

4 A gestão a partir das determinações sociais 105
4.1 A gestão para além do capital 117

5 Educação e organização do trabalho 133
5.1 A dualidade classista da educação 145

6 Gestão da escola e emancipação humana 157
6.1 Gestão da escola x gestão capitalista 178

Referências 193
Nota sobre os autores 197

Apresentação

Mesmo após relevante acúmulo de estudos e pesquisas, realizados por diferentes autores, aportando as mais distintas perspectivas políticas e ideológicas, a gestão escolar ainda permanece hegemonicamente uma área de saber com diversas lacunas conceituais. Essa afirmação não é força de expressão para subsidiar uma possível supervalorização deste livro agora apresentado. Ao contrário, seria mais importante ter um montante de conhecimento crítico capaz de dar conta de sérios problemas da realidade escolar do que um estudo voltado para a desmistificação de vários lugares-comuns que são repetidos ao extremo, a ponto de serem vistos como representantes da máxima verdade, como fizemos neste trabalho. De qualquer forma, tendo por base a afirmação de Karl Marx (1986, p. 4), em sua obra máxima, de que "nada é mais aborrecedor e árido do que o *locus communis* (lugar-comum) disfarçado", buscamos realizar essa desmistificação.

Entre os autores brasileiros que se dedicaram a estudar a realidade das escolas em nosso país, tendo como objeto a temática da gestão, poucos foram os que conseguiram conciliar uma análise comprometida com a crítica radical da realidade com uma postura responsável de contribuição teórica. Isso acontece porque, na sua grande maioria, as pesquisas realizadas atualmente sobre a gestão escolar no Brasil servem para integrar dois conjuntos diferentes: de um lado, anúncios que têm a função social de propaganda de pacotes administrativos desenvolvidos por empresas capitalistas e que são vendidos ao governo para serem implementados nas escolas e, de outro, análises que concluem a impossibilidade de mudanças nos padrões da gestão escolar, pois esta seria resultante exclusiva de princípios negativos, visto que a administração representaria apenas uma composição de elementos autoritários e, por isso, nunca compatível com práticas democráticas.

Permanece presente, portanto, uma dualidade de abordagens identificadas por Paro (1988) há, pelo menos, duas décadas, quando esse autor elucidou que a maioria das obras escritas sobre gestão escolar ou se voltava para a defesa e a legitimação dos princípios da administração capitalista, encarando-os como possuidores de caráter universal, ou, por enxergar na gestão escolar apenas práticas burocráticas e autoritárias, negava e descartava qualquer possibilidade de avanço ou mudança nesse campo. Como bem afirmou o autor, ao não privilegiarem a apreensão dos impactos das determinações sociais na gestão escolar, nenhuma dessas duas matrizes de análise possui uma postura concreta de instauração de uma gestão escolar democrática e com possibilidades de superação das suas negatividades atuais.

É importante, antes de tudo, precisar que a gestão escolar não constitui um conjunto de técnicas e ferramentas formadas em abstrato, mas sim expressam um sentido preciso: é um resultado histórico das tendências e das contratendências oriundas do desenvolvimento da sociedade. Como vivemos numa sociedade capitalista, a tendência é que a gestão escolar tenha sua base nos pilares que estruturam esse ordenamento social e, como todas as instituições sofrem diretamente as determinações sociais da organização da produção capitalista, a escola também é condicionada pela lógica do capital e, assim, serve para manter e legitimar suas regras. O primeiro passo necessário para compreender a realidade da gestão escolar é, portanto, entender que a escola não se estabelece num campo ideal, mas sim é um resultado das vontades humanas e, como tal, recebe uma carga de influência muito grande da forma histórica como a sociedade se organiza para produzir as condições materiais de sobrevivência.

Conforme explicou Engels (1980a, p. 350), ao proferir o discurso fúnebre sobre a vida de Karl Marx, antes de qualquer tentativa de se fazer política, religião, arte ou ciência, o ser humano precisa ter condições materiais para sobreviver, ou seja, precisa se preocupar, em primeira instância, em comer, beber, ter um teto e vestir-se. Sob esse foco, não se trata de realizar mera análise da economia em seu sentido mais rasteiro, mas de entender a forma como a sociedade se organiza para produzir as condições materiais na sua totalidade social, além da relação de interdependência entre as diversas esferas sociais. Nesse sentido, a escola não pode ser vista como a base que estrutura a sociedade, mas como uma entidade que existe numa relação dialética de causa e efeito.

Assim, é muito diferente entender a função social da escola e da gestão escolar numa sociedade de classes sociais e numa sociedade sem classes sociais. Dentro do capitalismo, como em qualquer outra sociedade que se estabeleça pela separação entre classes sociais, a escola e a gestão escolar terão, hegemonicamente, um sentido preciso: fornecer subsídios técnicos e ideológicos para a reprodução e legitimação da sociedade, sob a tutela dos interesses da classe dominante, ou seja, da classe capitalista. Essa é uma regra indispensável para uma pesquisa comprometida com o descobrimento das reais qualidades que perpassam a gestão escolar; desconsiderá-la acarreta problemas metodológicos e epistemológicos sérios. As obras teóricas que desconsideram esse princípio metodológico são exemplos correntes dessa equivocada perspectiva analítica e, por isso, no lugar de proporcionar uma apreensão esclarecedora da realidade, servem para esconder as causas dos problemas sociais existentes e, portanto, desviam do caminho para sua possível superação.

Se na especificidade da gestão escolar a realidade é essa, situação ainda mais precária é encontrada na administração estudada na sua totalidade, enquanto campo do saber. As obras sobre administração geral – com poucas e honradas exceções – padecem de um problema de fundo visível: a falta de problematização dos pilares que consubstanciam o capitalismo e as empresas capitalistas. Em sua grande maioria, os livros de administração não ultrapassam o nível mínimo de reflexão sobre a realidade, transparecendo um pensamento obtuso que apenas atrapalha no desenvolvimento de ferramentas e técnicas para apreender com segurança a realidade atual. No entanto, esses casos não representam ainda o fundo do poço, uma vez que é moda hoje em dia a publicação de edições que beiram os limites mistificadores da autoajuda. Afinal, falar de cinco, sete ou nove passos para uma administração eficiente não é muito diferente de fantasiar receitas mágicas para alcançar o sucesso individual.

Citando um autor clássico da administração capitalista, bastaria observar a seguinte máxima para se alcançar resultados eficientes: "o interesse pelas coisas é que faz as coisas interessantes" (Fayol, 1970, p. 121). O problema é não se perguntar quais as razões que levaram a se ter interesse pelas coisas, nem muito menos o porquê de se tornar essas coisas interessantes. É esse o caso da administração baseada nos princípios da empresa capitalista: não se questiona o porquê do desejo de grandes quantidades de lucro, nem muito menos o porquê de, na sociedade capitalista, o lucro ser um princípio tão louvado. O lucro é tomado como regra social inquestionável e sua causa de existência – a exploração do trabalho dos outros –, mesmo que constitua a necessidade de uma classe ser expropriada de grande parte de sua riqueza produzida, é tida como natural e eterna. Dentro das obras de administração, é comum se apresentar o capitalismo como a única forma de ordenamento social possível, atribuindo a esse modo de produção os princípios de uma suposta universalidade humana, como a propriedade privada, a exploração do trabalho e o capital.

Mesmo um autor clássico da administração, como Jules Henri Fayol, que conseguiu aprofundar algumas análises sobre o processo de organização do trabalho, apresenta em suas obras teóricas uma visão de mundo extremamente limitada, construindo sofismas que possuem pouca ou quase nenhuma analogia com a realidade concreta e, por isso, de pouco servem para entender o funcionamento da sociedade e das organizações. Poderíamos perguntar ao autor: como é possível tornar o trabalho explorado um fator de interesse ao trabalhador? A solução para tal questionamento é desviada pela mistificação da defesa de eternidade da exploração do trabalho, a única forma encontrada para torná-lo interessante a quem sofre as suas determinações negativas.

Outra evidência identificada é que várias obras sobre a administração possuem como um de seus ingredientes principais um tipo de idealismo muito precário que conduz ao enaltecimento de condições favoráveis ao sucesso empresarial, mesmo quando tudo indica o contrário. O tema atual do empreendedorismo, por exemplo, destaca-se nesse campo e amplia outro agravante para os estudos sobre a realidade social: a individualização dos problemas e alternativas sociais. Seguindo a máxima neoliberal de responsabilizar o indivíduo pelo seu sucesso ou fracasso no mercado, o empreendedorismo se mostra uma área proeminente da administração, cristalizando uma visão fantasiosa da realidade. Em analogia ao empreendedorismo, criou-se, no campo da educação, a teoria do capital humano, no qual o aluno é responsabilizado individualmente pela capacidade de aprendizagem para alcançar sucesso no mercado. Nos dois casos, escondem-se as causas dos problemas sociais e se elege o indivíduo como responsável autônomo pelo seu futuro. Nada mais promissor para a legitimação do capitalismo do que essa estratégia.

O relato conclusivo de Braverman (1987, p. 16), procedente de sua longa pesquisa sobre a gerência capitalista, retrata um cenário nem um pouco animador: "durante uma leitura considerável extensa dessas fontes fiquei impressionado sobretudo pela vagueza, generalidade das expressões e pelos sistemáticos erros flagrantes no relato das matérias concretas em discussão". Da mesma forma, o autor identificou que a mistificação da realidade é lugar-comum nas obras sobre administração: "pareceu-me que muitas conclusões geralmente aceitas apoiavam-se em poucos dados fidedignos, e que representavam ou simplificações ou puras distorções de uma realidade complexa" (Braverman, 1987, p. 16).

Em perspectiva diametralmente oposta a essa, utilizada pela maioria dos autores tanto da administração como da gestão escolar, entendemos que é preciso enxergar de forma crítica e reflexiva a relação entre os determinantes sociais advindos do modo de produção capitalista e o campo das mais diversas áreas do saber. Ao contrário de tomar como eternos e universais alguns axiomas do capitalismo, é necessário atentar para o fato de que esse sistema social foi e é resultado de um longo processo histórico que não finda em suas fronteiras. O capitalismo é um produto da história humana e, como tal, pode ser superado pelo resultado da vontade das pessoas.

A nosso ver, trata-se de um erro a tentativa de analisar a gestão como um conjunto de categorias e ideias de validade perene, que se formariam de maneira independente do contexto social e histórico que surgiram. A gestão não tem validade eterna, e suas regras não são alteradas ao sabor de descobertas teóricas aleatórias dos famosos "gurus" da administração. A gestão serve para responder a problemas concretos e, como tal, deve adaptar-se à realidade em que está inserida. É preciso apreender a gestão como uma resposta socialmente gerada a partir da relação entre as diversas vontades humanas e as determinações sociais, a partir da dinâmica dialética de complementaridade e negação com a totalidade social. As qualidades internas da gestão são, pois, sempre uma resposta às necessidades objetivas das organizações, tomadas a partir de imperativos sociais.

Dessa maneira, não se trata de analisar os princípios desta ou daquela organização, mas de um tipo de organização que perpassa as qualidades centrais que conformam a realidade vigente. As mudanças entre as organizações não são deixadas de lado; todavia, privilegiando as nuances que peculiarizam cada realidade concreta, a teoria perde seu sentido de universalidade para se apresentar como encomenda de validade limitada. Ainda mais porque, dentro do capitalismo, as regras do mercado são os fundamentos últimos que conformam a atuação das empresas e, assim, não existem diferenças significantes entre as missões de cada organização. Na verdade, o que muda nos objetivos e nas metas de cada empresa, quando relacionados entre si, monta um conjunto de qualidades semelhantes. Isso acontece porque todas as empresas precisam do mercado para sobreviver e, dessa forma, precisam atender às regras do jogo do capitalismo.

A gestão, nesse sentido, não aparece como um conselho particular estabelecido para cada uma das realidades empresariais diferentes, mas como um conjunto de ferramentas que subsidiarão as decisões dentro do mercado capitalista. Apesar de existirem diferenças internas em todas as empresas, o mercado é o mesmo para todas, e é essa entidade que determina a vida e a morte das empresas. Mesmo que algumas organizações produzam alterações na sua forma de gerir, o seu interior é marcado pela reprodução, seja em maior ou menor quantidade, das regras sociais estabelecidas e que determinam o mercado capitalista. Em outros termos, uma análise que almeje identificar as qualidades estruturais que integrem a essência do objeto estudado e não características perfunctórias que apenas constituem adereços que enfeitam a aparência do objeto, precisa somar as experiências concretas com a sua validade dentro da totalidade social.

Para tanto, é importante também que a perspectiva adotada de crítica não seja apenas aos postulados vigentes que determinam a gestão capitalista, mas a todos os imperativos que impeçam a relação de reciprocidade entre os seres humanos, afastando-os da complementaridade social e instaurando momentos de alienação e estranhamento. A realidade da sociedade capitalista é marcada pelo gradativo distanciamento entre as pessoas e a propagada ligação destas com a mercadoria. Dentro do capitalismo, as mercadorias representam, portanto, não um sintoma, mas a causa do afastamento entre as pessoas e, a gestão escolar, ao invés de estar imune a isso, recebe cargas diárias desse veneno social.

A receita utilizada socialmente é igual à afirmada por um diretor de escola particular: o aluno deve estar preparado para a competitividade do mercado e, para tanto, esse tipo de formação deve ter presença marcante na escola; nesse sentido, devem ser estimulados valores sociais baseados na competição. O estímulo à competição dentro da escola não acontece de maneira aleatória, mas constitui uma derivação ideológica da organização da sociedade baseada no acúmulo de propriedade privada. A escola é, mesmo que de forma relativa, uma entidade de complementaridade dessa realidade vigente.

Como o incentivo a comportamentos balizados por esses valores não são de responsabilidade estritamente individual, pois se trata de um imperativo social que marca a sociedade capitalista, não podemos, dessa forma, analisar a gestão escolar de forma personalista. Não queremos afirmar, nesse sentido, que não se deva estudar e compreender as atitudes e os comportamentos individuais, bem como os valores que os acompanham, mas apenas que estes, tomados de maneira isolada, explicam pouco sobre a realidade tanto da sociedade como das práticas da gestão escolar. É importante uma análise que descarte enfeites moralistas, que não se restrinja a valores individuais, não porque eles não devam ser estudados, mas porque a realidade não pode ser justificada pela valoração, ainda mais quando se trata de um moralismo arraigado de preconceitos estabelecidos no fogo das vaidades capitalistas. O estudo dos valores deve ser utilizado como forma de crítica social, especialmente quando se tratam de valores universais, mas não são estes que explicam as determinações estruturais da realidade.

Representa uma atitude deseducadora a realização de pesquisa limitada a aspectos moralistas da vida individual, tomando-os como fundamentos de apreensão do funcionamento da sociedade. A análise que propomos não se fundamenta de forma autônoma, nem muito menos se limita a valores ou práticas individuais, visto que esses aspectos podem ser explicados com segurança apenas a partir de sua relação com as determinações sociais. Não apelamos para uma moral ou uma ética de justiça burguesa para julgar as pessoas que construíram a história da gerência e da gestão escolar, mas procuramos entender seus atos a partir do contexto histórico em que estiveram inseridos. Por mais que se achassem independentes do contexto social, esses autores não conseguiram ultrapassar as marcas de seu tempo, o que é o fato mais natural.

A vida particular possui uma carga de importância significativa na compreensão dos atos dessas pessoas, mas não devemos afirmar com isso que a vida particular seja privada de influências sociais, como se o indivíduo fosse o construtor independente de sua vida e que deveria ser compreendido dessa forma. A história é marcada não apenas pela vontade humana imediata, mas pelas possibilidades existentes em cada contexto social. Conforme afirmou Marx (1997), são os homens que constroem sua própria história, entretanto não a constroem da maneira como querem, mas a partir de circunstâncias herdadas do passado e que fogem ao seu controle.

Não serão reproduzidos aqui julgamentos de valores pessoais baseados em pensamentos idealistas, que escondem a relação dos atos de cada um com sua função social. Em nossa análise, não foram descartadas práticas, desejos ou sentimentos particulares, mas todo esse conjunto de elementos que integram a vida particular terá como parâmetro de análise a relação com a estrutura social, com o papel social desempenhado. Assim, por exemplo, em vez de nos limitarmos a imaginar práticas diárias de um capitalista, procuraremos primeiro apreender qual a função social desempenhada pela classe social que ele integra. Não copiaremos conjecturas que se restrinjam a práticas individuais para descrever o seu dia a dia, visto que será prerrogativa entender a sua função social exercida, derivada da sua localização no modo de produção capitalista[1].

No lugar de seguir o exemplo de Coutinho (2008), ao apresentar o capitalista com qualidades tomadas de forma aleatória: "acordam a horas impróprias. Deitam-se a horas obscenas. São os primeiros a chegar à empresa e, normalmente, os últimos a partir", procuramos apreender que a riqueza das pessoas que integram essa classe social é fruto da exploração do trabalho dos seus empregados e, por isso, farão tudo o que for possível para ampliar a exploração e o controle sobre os trabalhadores. Mesmo que procure adotar na sua vida os valores de justiça presentes na ideologia burguesa, o capitalista permanece explorando o trabalho dos outros, e esse é um dado inquestionável.

Como construção histórica fundamentada no nascimento e no desenvolvimento do modo de produção capitalista, a gestão representa, pois, um acúmulo de conhecimentos e técnicas a serem utilizadas nas organizações que integram esse estágio social. A história da gestão é marcada, portanto, pelas necessidades e possibilidades criadas a partir do sistema capitalista, sendo essa realidade determinante para o destino dos maiores esforços nela empregados. Como a empresa é a entidade central do capitalismo, foi a partir da vigência desse modo de produção que a gestão alcançou um nível de desenvolvimento inusitado. Grande quantidade de recursos econômicos, assim como de pessoas, foi destinado ao espaço interno das empresas, com o objetivo de descobrir formas mais avançadas de organização do trabalho, para ampliar a produtividade e, assim, o lucro do capitalista.

Os resultados alcançados nessas diversas pesquisas nas empresas apontaram para o seguinte pressuposto básico da gestão

---

1   Com o nascimento do capitalismo, surgem duas classes nucleares que vivem em antagonismo de interesses devido à sua específica localização na produção, pois os capitalistas se apropriam de parte da riqueza produzida pelos trabalhadores. "São as diversas inserções dos indivíduos na estrutura produtiva de uma sociedade que diferenciam as classes entre si: é a função que exercem na reprodução social o fundamento material da distinção entre as classes" (Lessa, 2003, p. 267).

capitalista: para aumentar a produtividade da empresa e o lucro do capitalista, é fundamental que os gerentes procurem conciliar uma ampliação da exploração do trabalho com técnicas de convencimento que alcancem uma maior dominação do trabalhador. Um dos principais pesquisadores da administração capitalista, Frederick Winslow Taylor (1982, p. 54), foi o primeiro a sintetizar e a tornar sistemático o estudo desse princípio. Tanto nas suas análises, como na ocupação de cargos de gerência, Taylor foi claro na função social a ser cumprida pela gestão capitalista: controlar o processo de trabalho para tornar possível o incremento da produtividade por meio de maior exploração do trabalho e dominação do trabalhador. Esse é um carimbo indelével da gestão voltada para atender aos imperativos do mercado capitalista.

A seguir, procuramos expor brevemente quais as condições sociais que determinaram o desenvolvimento dessa forma de gestão, tornando-a modelo a ser adotado em todas as organizações dentro do sistema capitalista, assim como suas principais características. Além disso, serão destacados os principais representantes que marcaram sua história, assim como os modelos e os parâmetros mais utilizados pelas organizações. Em seguida, tentamos anotar quais as diferenças significativas que distinguem o espaço interno da empresa do ambiente da escola e, mesmo que essa distinção não seja adotada pela maioria dos autores da gestão escolar, tivemos por objetivo demonstrar a especificidade que permeia o objeto da escola.

Seguindo as premissas expostas anteriormente, tanto a gestão em seus aspectos mais amplos como a gestão destinada às peculiaridades da escola serão apresentadas não como constituídas de categorias de validade eterna, mas como possibilidades a serem ou não adotadas. A análise crítico-reflexiva desse conjunto de ferramentas e técnicas utilizadas nas organizações é um elemento constante que perpassa todo este livro. Esperamos, ao fim, que nosso texto sirva de suporte ao leitor no processo de reflexão para entender quais as peculiaridades que perfazem e que deveriam integrar a gestão escolar na sua relação com a função social que exerce e deveria exercer. Nosso objetivo foi fornecer subsídios para que se possa, de maneira pessoal, apreender a gestão escolar a partir de suas qualidades internas e relações com os determinantes pessoais e, assim, alcançar com competência sua própria conclusão.

1 Fundamentos da gestão capitalista

As primeiras formas de gestão e organização do trabalho remontam a tempos bastante antigos da humanidade, com destaque para grandes construções históricas que, ainda hoje, marcam pela quantidade de energia humana despendida. Podemos pensar em vários monumentos criados há vários séculos e que ainda permanecem erguidos, demonstrando a capacidade não apenas criativa, mas também organizativa do ser humano. As pirâmides do Egito, a grande muralha da China, os vários templos da Grécia antiga ou as cidades de pedra das civilizações Incas, Astecas ou Maias são produtos de uma grande organização do trabalho humano. Todos possuem, todavia, uma qualidade que os diferenciam fortemente das grandes construções humanas surgidas a partir do século XIX: todas foram realizadas utilizando uma forma de trabalho dificilmente empregada hoje em dia – o servilismo e o escravismo.

A partir da ascensão e vigência do modo de produção capitalista, assim como das experiências de superação desse sistema social pela organização da sociedade baseada no socialismo, a forma de trabalho hegemonicamente empregada deixou de se basear em relações de servilismo ou escravismo. Antes do século XVIII, as grandes construções humanas tinham como base da organização social o uso do trabalho escravo ou do servo. Apenas a partir da decadência do sistema feudal e da ascensão do sistema capitalista é que o trabalho empregado rompeu com os laços de escravismo e servilismo. Entretanto, isso não aconteceu na totalidade das nações, uma vez que, em algumas delas, como foi o caso do Brasil, mesmo depois do século XVIII, permaneceu vigente o uso regulado do trabalho escravo. Aqui, entre nós, o desenvolvimento empresarial "brotou", portanto, em paralelo a resquícios de trabalho escravo.

De toda forma, por necessidade de crescimento das principais empresas capitalistas do mundo, o serviço escravo precisou ser abolido, dando lugar ao trabalho empregado sem laços de posse imediata. O capitalismo representou, nesse sentido, uma etapa não apenas de avanço das forças produtivas, mas de progresso para a humanidade. A estrutura social herdada da era feudal não era compatível com as necessidades crescentes provenientes das empresas capitalistas e, por isso, foi preciso várias transformações. Para erguer-se como classe detentora da maioria da riqueza e do poder, a classe capitalista precisou, portanto, desempenhar um papel revolucionário, em que:

> passou a dominar, destruiu as relações feudais, patriarcais e idílicas. Dilacerou sem piedade os laços feudais, tão diferenciados, que mantinham as pessoas amarradas a seus "superiores naturais", sem pôr no lugar qualquer outra relação entre os indivíduos que não o interesse nu e cru do pagamento impessoal e insensível "em dinheiro". Afogou na água fria do cálculo egoísta todo fervor próprio do fanatismo religioso, do entusiasmo cavalheiresco e do sentimentalismo pequeno-burguês. Dissolveu a dignidade pessoal no valor de troca e substituiu as muitas liberdades, conquistadas e decretadas, por uma determinada liberdade, a de comércio. Em uma palavra, no lugar da exploração encoberta por ilusões religiosas e políticas ela colocou uma exploração aberta, desavergonhada direta e seca[1]. (Marx; Engels, 1998, p. 10)

O aspecto principal dessa dinâmica revolucionária da burguesia foi que o trabalho servil e escravo deu lugar a um novo tipo de trabalho que passou a ser empregado de forma crescente e generalizada em todas as empresas capitalistas. Se, por um lado, esse novo tipo de trabalho rompeu as relações de servidão

---

1   Para saber mais sobre a importância da instauração de uma racionalidade econômica para afugentar os imperativos religiosos e legitimar a ideologia mercantil do capitalismo, ver: prefácio de Engels, 1980b.

e reduziu a tradição de inferioridade natural e eterna do trabalhador perante seu senhor, por outro lado, manteve uma relação de dependência do trabalhador para com a pessoa que emprega seu trabalho. Acontece que, apesar de ter o seu trabalho livre para utilizar onde quiser, o trabalhador, mesmo com as transformações sociais acarretadas com a vigência do modo de produção capitalista, permaneceu sem a posse dos meios de produção. Na verdade, nesse quesito, poderíamos afirmar que ocorreu um retrocesso na vida do trabalhador, pois, enquanto nas relações feudais, ele controlava os meios de produção, ao ser empregado numa empresa capitalista, apenas recebe ordens do que deve executar. Além disso, a ideologia vigente, para legitimar o domínio da classe capitalista, precisa transformar em senso comum a falácia de superioridade do capitalista, mas isso não é resultado de um direito sobre a posse do trabalhador, como acontecia no feudalismo.

Isso ocorreu porque, para que o modo de produção capitalista se tornasse hegemônico em toda a sociedade, três condições eram necessárias: a abolição dos laços de servilismo e escravismo, instaurando o direito do trabalhador usar seu trabalho da forma que quisesse; a expropriação dos meios essenciais de produção da posse dos trabalhadores, passando à propriedade exclusiva dos capitalistas; e o controle do trabalho pelo capitalista e não mais pelo trabalhador, por meio da compra da sua força de trabalho (Braverman, 1987, p. 54-55). O modo de produção capitalista se funda, portanto, não nas relações de trabalho feudais e servis, mas na compra e na venda da força de trabalho, expressando o controle sobre o trabalhador pelo capitalista ou do processo de trabalho pelo capital. Por isso que, em sentido inverso daquele que possui como recurso para sobrevivência apenas sua força de trabalho, o capitalista é compreendido como a pessoa que controla e explora a força de trabalho de outras pessoas.

Nas palavras de Braverman (1987, p. 54-55), essas são as três prerrogativas que consubstanciam a estrutura do capitalismo:

a) os trabalhadores são separados dos meios com os quais a produção é realizada, e só podem ter acesso a eles vendendo sua força de trabalho a outros; b) os trabalhadores estão livres de constrições legais, tais como servidão ou escravidão, que os impeçam de dispor de sua força de trabalho; c) o processo de trabalho começa, portanto, com um contrato ou acordo que estabelece as condições de venda da força de trabalho pelo trabalhador e sua compra pelo empregador [e, dessa forma,] o propósito do emprego do trabalhador torna-se a expansão de uma unidade de capital pertencente ao empregador, que está assim atuando como um capitalista.

O processo histórico de acumulação primitiva[2], que representa a base de formação do modo de produção capitalista, resultou na concentração dos meios essenciais de produção nas mãos de uma pequena quantidade de pessoas e, para a grande maioria, restou apenas a disponibilidade de sua força de trabalho. De um lado, uma pequena quantidade de capitalistas que, tendo usurpado e concentrado a posse dos meios essenciais de produção, determina a organização da vida material e, de outro, uma imensidão de trabalhadores desprovidos dos meios de produção e do destino de sua vida, possuidores apenas de sua força de trabalho. A essa dinâmica embrionária do capitalismo, Marx denomina de *expropriação dos trabalhadores diretos*. Baseada na análise desse autor, Fontes (2005, p. 21) demonstra que seria do "encontro entre esses despossuídos com o acúmulo de riquezas gerado na Europa Ocidental – realizado, em parte, por uma verdadeira rapina colonial – que teria nascido o capitalismo".

Mas quais seriam as razões que levaram a classe capitalista a se apoderar e concentrar em suas mãos os meios essenciais de produção? Se o trabalho empregado nos meios de produção fosse apenas dos empresários, não existiria necessidade de expropriação destes do controle dos trabalhadores. Se a realidade fosse essa, na verdade, os capitalistas estariam em má situação, porque precisariam utilizar parte de suas riquezas na manutenção de suas máquinas e equipamentos e, como sua riqueza seria advinda apenas de seu trabalho individual, o resultado da produção não daria para atender a todos esses gastos. A usurpação

---

2   Sobre isso, ver o capítulo XXIV – A assim chamada *acumulação primitiva*, encontrada no volume II de *O capital*, de Marx, 1985b.

e a concentração dos meios de produção só servem quando se utiliza trabalho de outros para produzir e, assim, alcançar grandes quantidades de mercadorias produzidas, a ponto de superar as despesas.

Por outro lado, de nada adiantaria para o capitalista que o montante de receitas acumuladas no fim do processo de produção fosse igual ou inferior à quantidade de despesas alcançadas. Se assim fosse, o capitalista seria, no mínimo, uma pessoa com valores altruístas elevados, visto que nunca teria lucro na sua empresa e perderia gradativamente sua riqueza. O lucro capitalista apenas é alcançado quando as receitas superam as despesas e, para tanto, faz-se necessário que as mercadorias tenham um valor superior ao total das despesas gastas na empresa. Mas de onde vem esse valor superior?

Entre todas as despesas gastas no processo de produção, existe apenas uma que representa um "gasto produtivo", ou seja, um dispêndio de riqueza que será empregada na produção de uma riqueza superior. Matérias-primas, insumos, energia elétrica, aluguel, depreciação de máquinas e equipamentos, todos esses elementos expressam custos necessários ao funcionamento da produção, mas nenhum destes produz um valor superior às suas despesas. Apenas uma mercadoria pode produzir um valor superior ao que foi gasto por ela dentro da empresa: o trabalho humano. É apenas a força de trabalho que transforma a natureza e produz um novo produto e, por isso, gera um valor superior. Se no capitalismo a força de trabalho é tratada como uma mercadoria igual às demais, "trata-se, contudo, de mercadoria especial, a única cujo uso consiste na criação de valor e mais-valia" (Gorender, 1986, p. XIX). Mas, mesmo entendendo que o trabalho é a única mercadoria que produz um valor superior e, por isso, é uma mercadoria especial, se o capitalista paga ao trabalhador o valor referente à sua produção diária, como ele obtém lucro? Mais uma vez: por que usurpar e concentrar os meios essenciais de produção?

Acontece que, no contrato de compra e venda da força de trabalho regulado no modo de produção capitalista, não ocorre uma relação entre iguais. O capitalista, para obter lucro e angariar sua riqueza pessoal, precisa pagar por um valor inferior a tudo aquilo que foi produzido pelo trabalhador. Para isso, é necessário, antes de tudo, que o trabalhador produza para além da quantidade necessária ao que recebe como salário, isto é, produza um excedente de trabalho não pago. Esse trabalho não pago pelo capitalista, ou excedente de produção, é "tão-somente um prolongamento do tempo de trabalho para além do ponto em que ele se reproduziu ou, em outras palavras, produziu seus próprios meios de subsistência ou seu equivalente" (Braverman, 1987, p. 58).

É desse trabalho não pago ao trabalhador que provém a maioria da riqueza do capitalista. Mesmo que o capitalista participe do processo de trabalho e também produza alguma mercadoria, ou até mesmo que, conforme exalta Coutinho (2008), seja o primeiro a entrar e o último a sair da empresa, esse valor produzido individualmente é insignificante perante a quantidade de riqueza expropriada dos seus empregados. Como observamos na apresentação deste livro, a qualidade que determina a função social do capitalista não é a quantidade de tempo pessoal empregado na produção ou as atitudes e os comportamentos diários, mas a localização no processo produtivo como detentor da posse da produção e expropriador da riqueza produzida pelos trabalhadores.

É fato ontológico do modo de produção capitalista e, por isso, inquestionável que a classe capitalista se apropria de parte da riqueza produzida pela classe trabalhadora. Essa parte apropriada pela classe capitalista, dependendo do caso, pode ser maior ou menor, mas isso não anula a existência da expropriação do resultado da produção dos trabalhadores. Por se estruturar a partir dessa contradição social, existe dentro do capitalismo uma oposição entre classes sociais: de um lado, os capitalistas buscando cada vez mais se apoderar da riqueza dos trabalhadores e, de outro, os integrantes da classe dos trabalhadores que, para sobreviver, precisam se deixar ser explorados pelos capitalistas.

A divisão da sociedade em classes sociais antagônicas não é novidade trazida pela vigência do modo de produção capitalista, mas é nesse sistema que encontra seu maior desenvolvimento. Nas sociedades anteriores, também foi fato comum a existência de uma organização produtiva baseada na contraposição entre classes sociais, uma vivendo às custas do excedente produzido pela outra e "a moderna sociedade burguesa, que surgiu do declínio da sociedade feudal, não aboliu as contradições de classe, [mas] apenas colocou novas classes, novas condições de opressão e novas formas de luta no lugar das antigas" (Marx; Engels, 1998, p. 8). A novidade advinda da revolução burguesa é que, com o capitalismo, surgiram duas grandes classes sociais que se localizam em campos inimigos e que constantemente arregimentam esforço para luta: a burguesia e o proletariado.

Ao mesmo tempo em que simplificou a divisão social, instaurando essa dualidade estrutural entre as duas grandes classes em luta, a instauração do capitalismo fez com que as formas anteriores de mistificação fossem substituídas por novas. Podemos destacar duas formas de mistificação que marcam a história do capitalismo e ainda permanecem hegemônicas hoje em dia: a louvação do capitalista e do mercado. Desde que a classe capitalista conquistou o poder econômico e controlou o poder político, precisou de artifícios ideológicos para fazer com que a maioria das pessoas aceitasse essa dominação.

Nesse sentido, em primeiro lugar, foi disseminada a ideologia de que os capitalistas representariam um pequeno grupo de pessoas dotadas de uma certa superioridade e, por isso, poderiam ter o controle da maioria da riqueza e do poder. Utilizando-se de uma das entidades mais representativas e influentes da era feudal, a classe capitalista financiou a Igreja para que esta, a partir de suas doutrinas sociais, disseminasse uma visão de mundo que conduzisse as pessoas para o domínio dos exploradores. A mensagem apresentada pelas Doutrinas Sociais da Igreja Católica era proclamar

> a superioridade natural de uma pequena elite, os magnatas da indústria e das finanças, para a qual atribuía a função de zelar, paternalisticamente, pelo bem-estar das massas; [dessa forma] modificações econômicas nas duas últimas décadas do século XIX e nas três primeiras do século XX converteram o homem de negócios bem-sucedido no tipo social mais admirado. (Hunt; Sherman, 1985, p. 128)

O êxito dessa ideologia se baseava na conjectura de que existiria "uma prova irrevogável" de que os capitalistas possuíam "virtudes superiores às do homem comum", encarnando a "crescente concentração industrial como o produto de superioridade biológica dos empresários que se sobressaíam nesse processo" (p. 129).

Outro destaque é que, se, nas sociedades anteriores, a religião imperava sobre o comportamento humano, elegendo causas metafísicas para os problemas sociais, no capitalismo, o mercado é fantasiado como um ente provedor de igualdade: de um lado, o vendedor da força de trabalho e, de outro, o comprador da força de trabalho, ambos portando as mesmas condições de alcançar sucesso. Os ideólogos do capitalismo, para legitimar esse modo de produção, tiveram a necessidade imperiosa de esconder a contradição social, de que uns se apropriam do trabalho de outros e disseminaram várias mistificações[3]. Entre elas, destaca-se a fantasia de que o salário pago ao trabalhador se refere ao valor total por ele produzido e que, assim, nenhuma das partes sairia perdendo. O que acontece é que:

> Ao contrário da aparência suscitada pelo funcionamento do regime capitalista, e que adquire a consistência de dogma ideológico tanto para os patrões quanto para os operários, o que o salário paga não é o valor do trabalho, mas o valor da força de trabalho. O valor da força de trabalho se determina como o das demais mercadorias, ou seja, pelo tempo de trabalho socialmente necessário para a sua produção. Ora, a produção da força de trabalho se dá mediante o conjunto de bens que o operário precisa consumir a fim de restabelecer, a cada dia, suas aptidões físicas e intelectuais e ainda sustentar sua família, que inclui uma fração da futura geração de operários. Contratado pelo capitalista para trabalhar determinado número de horas por dia, o operário reproduz, numa parte da jornada, o valor da sua força de trabalho, valor que o patrão lhe retribui sob forma de salário. Mas o restante da jornada constitui trabalho excedente sem retribuição, criador de sobrevalor ou mais-valia, da qual o patrão se apropria. (Gorender, 1986, p. XIX)

---

[3] É importante ressaltar que os primeiros teóricos burgueses de grande envergadura, como Adam Smith e David Ricardo, mesmo advogando a eternidade do capitalismo, dedicaram-se a uma análise importante de seus fundamentos, como foi destacado por Marx.

Como elucida Marx (1985b, p. 106), "a jornada de trabalho está, desde o princípio, dividida em duas partes: trabalho necessário e mais-trabalho", a primeira referente ao que o trabalhador recebe como salário e a segunda que é apropriada pelo capitalista sem nenhum ônus. A fonte de riqueza dos capitalistas se encontra justamente nessa segunda parte e é dela que se retira o lucro da empresa; por isso, quanto maior sua quantidade, maior será o lucro. A diferença entre a quantidade total produzida pelo trabalhador e a parte que lhe foi paga pelo capitalista constitui a mais-valia e representa a finalidade para qualquer empresa capitalista:

> Esse valor produzido pelo trabalhador durante o tempo de trabalho excedente é a chamada *mais-valia*, objetivo último do processo de produção capitalista. Sua apropriação pelo capitalista constitui a forma pela qual se dá a exploração do trabalho em nossa sociedade. Embora pagando o justo valor da força de trabalho, o capitalista não remunera todo o **trabalho** realizado pelo trabalhador, mas apenas uma parte, aquela necessária para produzir o valor de sua força de trabalho. (Paro, 1988, p. 43, grifo do original)

Assim, diferentemente da lenda difundida pelos ideólogos do capitalismo de que o mercado representa um espaço de democracia, no qual o empresário e o empregado possuem as mesmas condições de negociação, percebemos que nesse campo não existe equilíbrio e que a balança do poder pende muito mais para o lado dos capitalistas. Retomando o que analisamos anteriormente, agora podemos perceber porque ocorreu o processo de usurpação e concentração dos meios essenciais de produção para a vigência do capitalismo. A exclusividade da posse dos meios essenciais de produção nas mãos dos capitalistas tem dois sentidos precisos: primeiro, tornar o trabalhador proprietário apenas de sua força de trabalho e, segundo, torná-lo dependente das imposições dos capitalistas. Será por meio dessas duas qualidades que, conforme explica Marx (1985a), o capitalista emprega uma determinada quantidade de dinheiro (D), para produzir mercadorias (M), que resultarão num valor superior ao que foi empregado (D'). A diferença entre D e D' é a base para o lucro do capitalista.

O uso da força de trabalho pelo capitalista para produzir mercadorias com maior valor e, com isso, alcançar lucratividade é a plataforma que estrutura qualquer empresa e, para sua vigência, é importante que o trabalhador seja desprovido dos meios de produção e que precise vender sua força de trabalho ao capitalista para poder sobreviver. A relação de compra e venda da força de trabalho não tem, portanto, nenhum ingrediente de igualdade, uma vez que ao trabalhador a única alternativa diferente seria a ausência de condições materiais de sobrevivência, ou seja, a morte.

A meta de qualquer capitalista, seja ele portador de valores altruístas ou não, é o alcance do lucro e, para tanto, precisa apropriar-se da maior quantidade de trabalho não pago dos seus empregados. Quanto maior a quantidade de trabalho não pago alcançado, maior será a mais-valia apropriada e, consequentemente, maior a lucratividade disponível ao capitalista. Nesse caminho de mão única, a regra é simples: diminuir o trabalho necessário pago ao trabalhador e prolongar o trabalho não pago. Caminho de mão única porque esse objetivo não depende das atitudes individuais dos capitalistas, visto que, para manter-se no mercado, ele precisa incrementar a produtividade e a lucratividade. O capital não é, portanto, um instrumento controlado de maneira individual, mas representa uma força social que impera no sistema capitalista. É por isso que "a função do capitalista é representar o capital e ampliá-lo" (Braverman, 1987, p. 255).

Diante dessas determinações, busca-se a maior quantidade de lucro, e esta se encontra na medida do trabalho não pago e para prolongá-lo "reduz-se o trabalho necessário por meio de métodos pelos quais o equivalente do salário é produzido em menos tempo" (Marx, 1985b, p. 106). Quanto mais o capitalista explorar o trabalhador, maior será seu lucro. Esse é o suporte para o surgimento da gestão capitalista, e foi na busca por maiores quantidades de lucro que o capitalista incrementou as formas de gestão e organização do trabalho, a ponto de promover uma verdadeira transformação nos métodos anteriormente empregados. Surgiu, assim, a gestão capitalista.

1.1 Exploração do trabalho e gestão capitalista

Antes de expormos os princípios da gestão capitalista, faz-se necessária a destruição de outro mito presente no senso comum da sociedade capitalista: a redução de trabalho a emprego. Nesse sentido, é preciso explicar que, apesar das determinações sociais produzidas pelo modo de produção capitalista que transformam o trabalho numa mercadoria como qualquer outra disponível no mercado, o trabalho representa não apenas a base da economia, mas da história humana.

Podemos dizer que o trabalho é a base para a construção da história humana por duas causas centrais: porque é através da transformação da natureza que se produzem as condições materiais para a sobrevivência da humanidade e que, é por meio dessa mediação entre homem e natureza via trabalho, que a humanidade promove, em primeiro grau, suas qualidades subjetivas. Não se trata de afirmar que é somente o trabalho que cadencia as qualidades subjetivas das pessoas e que outros complexos sociais como a linguagem e a cultura não têm importância. Apenas afirmamos que o trabalho representa a base primeira que possibilita todo o desenvolvimento da humanidade e que, sem essa atividade, a vida humana não seria possível.

O trabalho é o elemento central que indica a distinção imediata do ser humano dos outros animais, uma vez que congrega a capacidade exclusiva de poder projetar mentalmente várias possibilidades daquilo que pretende produzir, antes mesmo de iniciar o processo de produção. Por isso, o ser humano é o único animal que tem teleologia, ou seja, tem capacidade de antecipar mentalmente o resultado da sua produção. Como consta na famosa passagem de Marx (1985a, p. 149-150), é a capacidade teleológica que faz do pior dos arquitetos um ser exponencialmente superior a uma abelha, visto que apenas aquele consegue imaginar o resultado futuro de sua atividade:

> Uma aranha executa operações semelhantes às do tecelão, e a abelha envergonha mais de um arquiteto humano com a construção dos favos e das colmeias. Mas o que distingue, de antemão, o pior dos arquitetos da melhor abelha é que ele construiu o favo em sua cabeça, antes de construí-lo em cera. No fim do processo de trabalho

obtém-se um resultado que já no início deste existiu na imaginação do trabalhador, e portanto idealmente. Ele não apenas efetua uma transformação da forma da matéria natural; realiza, ao mesmo tempo, na matéria natural seu objetivo, que ele sabe que determina, como lei, a espécie e o modo de sua atividade e ao qual tem que subordinar sua vontade.

Devido a essa qualidade imanente, diferentemente dos outros animais, o ser humano tem a capacidade de parcelar e separar suas atividades produtivas. Tendo a possibilidade de desenhar mentalmente o projeto antes de executá-lo, faz parte das qualidades humanas ampliar essa capacidade para o conjunto da humanidade. Assim, o processo de trabalho pode, ao mesmo tempo, ser imaginado por uma pessoa e realizado por outra. O trabalho entendido por essas qualidades é um elemento exclusivo da humanidade e, por meio dele, não apenas se produzem as condições materiais, mas o desenvolvimento de capacidades e habilidades de toda a sociedade. Diferentemente dos defensores do capitalismo, que apregoam uma condição individual inata, todo esse processo acontece com base nas relações sociais.

Por ser o único animal a ter capacidade de imaginar o resultado do trabalho antes de iniciá-lo, apenas o ser humano consegue romper com os ditames biológicos e produzir novas condições e usos da natureza. Em uma palavra, é o único capaz de transformar a natureza. Enquanto os outros animais utilizam a natureza da forma como ela se apresenta, não alterando sua conformação e apenas reproduzindo suas condições naturais, o ser humano promove possibilidades inauditas. Basta pensarmos na roda para exemplificarmos a capacidade transformadora do ser humano.

A efetivação da teleologia tem por base o trabalho em seu duplo processo de mediação com a natureza: de um lado, o ser humano transforma a natureza e fomenta novos usos e formas aos materiais naturais, de outro, as habilidades e as capacidades humanas são testadas por meio do trabalho e, com isso, gera-se um processo de aprendizado e aperfeiçoamento. Em síntese, se o ser humano transforma a natureza por meio do trabalho, o próprio ser humano é também transformado no processo de trabalho. Por isso que, conforme estudou Engels (1980c), a mão humana não é somente a principal mediação da transformação da natureza pelo trabalho, mas também um produto dessa dinâmica.

Dessa forma, o trabalho não é apenas o elemento que possibilita ao homem transferir sua história para a natureza, mas, de forma inversa, é por meio da sua mediação com a natureza que suas habilidades são dinamicamente processadas, mudando também sua forma de agir e pensar. É por meio do trabalho que ocorre, de forma primária, a construção da história, as mudanças materiais e sociais, visto que "o primeiro ato **histórico** desses indivíduos, através do qual se distinguem dos animais, não é o fato de pensarem, mas sim o de produzirem os seus meios de existência" (Marx; Engels, 1973, p. 18, grifo do original).

Nesse sentido, podemos afirmar que, se o trabalho é a base para a construção da história do ser humano, a maneira concreta como este se ativa produz efeitos diretos no comportamento humano. Se o trabalho acontece de maneira a efetivar plenamente a capacidade teleológica do ser humano, ocorrendo uma relação de reciprocidade entre o sujeito que trabalha e o objeto que é transformado, esse processo repercute numa relação de exteriorização do ser humano, ou seja, o agente do trabalho reconhece o objeto do seu trabalho e retira dele as lições que servirão para aprimorar suas capacidades e habilidades. Por outro lado, se existe uma separação entre o sujeito que trabalha e o objeto que foi transformado, a tal ponto daquele não reconhecer este como objeto de seu trabalho, então o processo não é de complementaridade, mas de enfrentamento, ou seja, de alienação.

A diferença entre essas duas possibilidades resultantes do processo de trabalho – de exteriorização ou de alienação – se encontra na forma pela qual se organiza a produção social. Se uma sociedade se organiza a partir de um modelo de reciprocidade entre sujeito e objeto do trabalho, a tendência é a existência da exteriorização; se forem gerados obstáculos sociais que impedem essa relação recíproca entre sujeito e objeto do trabalho, a ponto de os dois aparecerem não apenas como diferentes, mas como opostos, promove-se a alienação. A segunda realidade marca as diversas sociedades divididas entre classes sociais, enquanto a primeira só é possível de existir em sociedades emancipadas, sem existência de classes sociais.

Sendo o modo de produção capitalista estruturado pela dissociação entre produtor e objeto produzido, em que o resultado do trabalho não pertence ao trabalhador, visto que é apropriado pelo capitalista, a determinação é que nos processos de trabalho dentro das empresas, ocorram processos de alienação humana e, assim, o objeto produzido torne-se um ente estranho ao trabalhador. Foi por isso que, apreendendo a diferença entre os modos de organizar a produção, Marx evidenciou que não existe apenas um sentido do trabalho, mas que, dependendo da forma como é praticado, pode apresentar qualidades positivas ou negativas. Sendo utilizado como uma mercadoria disponível no mercado capitalista e usado na empresa como motor de produção de valor econômico, o trabalho perde seu sentido de realização humana e é reduzido a simples gasto de força de trabalho na produção de mercadorias. Na totalidade social e no senso comum do capitalismo, o trabalho torna-se sinônimo de emprego.

O uso da força de trabalho representa, ao mesmo tempo, a fonte de riqueza do capitalista, mas também uma cota de despesas, uma vez que é necessário o repasse de parte do valor produzido aos verdadeiros produtores, sob forma de salário, para que eles possam retornar no dia seguinte à empresa e serem novamente explorados. O paraíso para o capitalista seria o recebimento de lucro sem precisar remunerar nenhum trabalhador, mas isso é uma condição inalcançável[4]. Assim, como o uso da força de trabalho pelo capitalista repercute em gastos, este precisa encontrar progressivamente formas mais avançadas de ampliar as taxas de exploração, destinadas à redução do trabalho necessário e ampliação do trabalho excedente apropriado. Em suma, precisa encontrar formas mais rentáveis de gestão e organização do trabalho que proporcionem maior produtividade e lucratividade.

---

4   Essa possibilidade aparece nas diversas formas de capital bancário ou financeiro, no qual o capitalista alcança o lucro a partir do aluguel do seu dinheiro, sem precisar empregar diretamente nenhum trabalhador. No entanto, da mesma forma que dinheiro não brota em nenhuma árvore, o lucro desses capitalistas tem a mesma fonte de qualquer lucro: a mais-valia produzida pelo trabalhador na empresa.

O máximo aproveitamento da força de trabalho, com o objetivo de produzir taxas sempre mais elevadas de lucro representa, portanto, o mote de desenvolvimento da gestão capitalista:

> O capitalista, porém, lidando com o trabalho assalariado, que representa um custo para toda hora não produtiva, numa sequência de tecnologia rapidamente revolucionadora, para a qual seus próprios esforços necessariamente contribuíram, e espicaçado pela necessidade de exibir um excedente e acumular capital, ensejou uma arte inteiramente nova de administrar, que mesmo em suas primitivas manifestações era muito menos completa, autoconsciente, esmerada e calculista do que qualquer coisa anterior. (Braverman, 1987, p. 66)

Nos primórdios do capitalismo (final do século XVII e início do XVIII), ainda não existiam formas avançadas de gestão e organização do trabalho, e o maior exemplo dessa limitação era o fato de que eram os próprios capitalistas que executavam essas funções, visto que eram os proprietários das empresas. Ainda inexistia, portanto, uma separação entre a posse e a gerência da empresa. A gestão capitalista tem início a partir de processos de encomendas, nas quais os "empresários" contratam trabalhadores para produzir autonomamente mercadorias que depois seriam compradas e revendidas. Nesse contexto histórico, a configuração do empresário possuía uma carga de determinações bem inferior aos momentos posteriores e a utilização desse termo precisa ser vista de forma bem mais restrita. A empresa tem aqui um sentido mais figurado, posto que não representa um espaço fechado cheio de trabalhadores, mas apenas uma relação contratual de compra e venda. O papel dos capitalistas era quase o de intermediário entre os trabalhadores e o mercado, comprando mercadorias por um preço mais baixo e revendendo-as por um preço mais elevado. A divisão de trabalho apresentava-se exclusivamente na separação entre produção e venda dos produtos, a partir do desenvolvimento dos primeiros comerciantes.

Nesse momento, os capitalistas controlavam o destino das mercadorias, mas os trabalhadores possuíam o controle sobre o processo de trabalho[5]. Sendo os responsáveis diretos por todo o processo de produção e estando a divisão do trabalho pouco desenvolvida, os trabalhadores precisavam conhecer e dominar todo o ciclo de trabalho:

> Cada trabalhador devia estar apto a executar todo um ciclo de trabalho; devia poder fazer tudo o que podia ser feito com os seus instrumentos; as trocas restritas, as poucas ligações existentes entre as diversas cidades, a raridade da população e o tipo de necessidade não favoreciam uma divisão de trabalho desenvolvida, e é por isso que quem desejava tornar-se mestre deveria conhecer a sua profissão a fundo. (Marx; Engels, 1973, p. 65)

Depois do burguês como primeiro gestor capitalista, surge a figura do subcontratador, que passa a ocupar a função de intermediário entre os empresários e os produtores diretos, repassando as indicações e os materiais dos capitalistas aos trabalhadores: "no caso, o capitalista distribuía os materiais na base de empreitada aos trabalhadores, para manufatura em suas casas, por meio de subcontratadores e agentes de comissão" (Braverman, 1987, p. 62-63). O subcontratador era dotado de um duplo papel a ser exercido: ao mesmo tempo em que era empregador e organizador de trabalhadores, também era um empregado que reproduzia os interesses dos capitalistas. A grande diferença para os gestores capitalistas posteriores é que, naquele momento, tanto os subcontratadores como os trabalhadores possuíam uma margem de manobra bem superior e, atendendo às qualificações da encomenda do capitalista, poderiam decidir a organização, a forma e a jornada de trabalho.

---

5   É visível uma analogia entre essa forma embrionária de gestão capitalista e os processos de terceirização aprofundados a partir da reestruturação produtiva. No entanto, como veremos mais à frente, apesar de serem conformações semelhantes, as causas são distintas: enquanto no primeiro caso as encomendas eram fruto de limitações do desenvolvimento tecnológico (seja de máquinas ou de conhecimento) e o capitalista começava a controlar a produção, no segundo caso, ocorre o contrário, ou seja, o controle total dos capitalistas sobre o processo de trabalho financia um elevado desenvolvimento tecnológico que gera uma produtividade tão grande que os mercados ficam saturados de mercadorias e obrigam as empresas a diminuir a produção e desmembrar seus riscos de perdas.

Com o tempo, a situação do subcontratador passou a ser mais complexa e, em paralelo ao emprego de uma quantidade maior de trabalhadores, passou a precisar de outras pessoas para auxílio na gestão capitalista. Alguns subcontratadores passaram a empregar muita quantidade de mão de obra, originando a necessidade de empregar pessoas com a função de fiscalizar o trabalho. Surgiu, então, na hierarquia da gestão capitalista, um terceiro posto: se abaixo do capitalista existia o subcontratador, abaixo deste apresentava o supervisor. Pelo seu baixo grau nessa hierarquia, o supervisor recebeu de imediato um adjetivo nada motivador: "alguns deles tinham até 150 homens sob suas ordens, o que exigia um supervisor chamado *doggie* (*cachorrinho*) para superintender o trabalho" (Dobb, citado por Braverman, 1987, p. 64).

Vários problemas sérios nesse sistema de subcontratação não demoraram muito a aparecer, colocando em xeque sua validade e funcionalidade para os capitalistas. O sistema de encomendas representava uma vantagem inicial para os capitalistas que compravam somente mercadorias asseguradas de venda, sobrando para os subcontratadores não apenas a responsabilidade sobre o processo de produção, mas também pelo risco futuro de perda, caso não se realize a venda das mercadorias produzidas. No entanto, além do potencial lucrativo não aproveitado, surgiram problemas que tornaram questionável esse sistema, tais como: "irregularidade da produção, perdas de material em trânsito e desfalques, lentidão e fabrico, falta de uniformidade e rigor na qualidade do produto" (Braverman, 1987, p. 64).

Colocando-se numa bandeja da balança da relação entre custo e benefício a isenção de riscos e noutra os problemas existentes e, principalmente, a possibilidade de ampliação do lucro com o controle da produção, os capitalistas não titubearam e fomentaram uma reformulação da gestão. A transformação ocorrida na gestão após esse período é determinante não somente para a organização do trabalho, mas para a conformação das habilidades, capacidades e da própria subjetividade do trabalhador. O marco dessa inflexão é que o controle sobre o processo do trabalho foi expropriado do seu lugar de origem, das mãos dos produtores, sendo transferido para os capitalistas e seus representantes.

Como vimos, no início do capitalismo, a exploração do trabalho não se dava de forma direta, mas de maneira indireta, porque, para vender, os trabalhadores precisavam passar pelos comerciantes e, assim, eles poderiam se apropriar de uma quantidade do excedente de produção. O controle sobre o processo de trabalho se encontrava nas mãos dos trabalhadores. Isso acontecia porque ferramentas, máquinas e outros meios de produção se encontravam, durante esse período histórico, ainda sob o poder dos produtores diretos. Essa situação começou a mudar a partir do momento em que surgem as empresas, não apenas como uma relação contratual entre trabalhadores e subcontratadores, e entre estes e os primeiros comerciantes, mas como um espaço físico que agrupava internamente vários trabalhadores sob o comando direto dos capitalistas e seus representantes, como os fiscais e os supervisores.

A primeira medida adotada nessa nova forma de gestão do trabalho foi a reunião dos trabalhadores num mesmo espaço de produção. Além da vantagem proporcionada pela proximidade dos produtores, diminuindo os custos advindos da distância entre eles e os capitalistas, essa medida também proporcionou uma fiscalização maior sobre o processo de produção, evitando problemas sérios de qualidade nas mercadorias. Mas o principal benefício dessa organização do trabalho para o capitalista foi mesmo a ampliação da produtividade e, consequentemente, do lucro. Assim, o agrupamento dos trabalhadores sob o mesmo teto, consubstanciando o modelo básico das empresas capitalistas, passou a ser adotado e, em pouco tempo, representou a forma hegemônica de gestão e organização da produção.

Com vistas a uma maior lucratividade, os capitalistas passaram a investir em formas diretas de domínio sobre os trabalhadores, e a primeira delas foi o controle sobre a jornada de trabalho. Nada mais de deixar a decisão sobre o tempo de trabalho a cargo do trabalhador, pois a determinação era que esse poder seria controlado pelos capitalistas e seus representantes, como os gestores e os supervisores. Acabou, portanto, a composição autônoma do tempo de produção pelo trabalhador, tornando-se imperativo um ritmo de trabalho bem mais fixo:

> O primeiro efeito de tal mudança era impor aos trabalhadores horas regulares de trabalho, em contraste com o ritmo autoimposto que incluía muitas interrupções, meio-expedientes e feriados, e em geral impedia a extensão da jornada de trabalho para fins de produzir um excedente nas condições técnicas então existentes. (Braverman, 1987, p. 66)

As primeiras jornadas de trabalhos eram não apenas determinadas de forma fixa e regular, sendo impostas independentemente da vontade dos trabalhadores, mas abrangiam uma quantidade de tempo extremamente elevada. Com o objetivo de gerar grandes níveis de produtividade e lucratividade, o lema dos capitalistas era (e ainda permanece sendo) aproveitar o máximo da energia física e mental dos trabalhadores, e como nesse momento inexistiam organizações políticas e econômicas de defesa dos direitos trabalhistas, assim como uma legislação de contrato de compra e venda da força de trabalho que determinasse limites mínimos de descanso, as jornadas de trabalho levavam ao esgotamento total dos trabalhadores. Facilmente, ultrapassavam 16 horas diárias de trabalho ou 80 horas semanais. Se dependesse apenas da vontade dos capitalistas, dificilmente essa realidade seria alterada e, assim, as jornadas de trabalho só foram reduzidas a partir do momento em que os trabalhadores se uniram e começaram a exigir mudanças.

Para se fazer cumprir não apenas essa longa jornada de trabalho, mas todos os interesses dos capitalistas contrários à vontade dos trabalhadores, a gestão começou a adotar atitudes brutais e até com tons elevados de crueldade, como o uso recorrente do açoite. É por isso que as primeiras empresas, na prática diária existente em seu interior, assemelhavam-se mais a campos de concentração, campos de trabalho forçado, prisões e reformatórios. Não obstante, se apreendermos a empresa em seu sentido literal, estruturada pela oposição de interesses entre trabalhadores e capitalistas, e que esses, por terem a posse dos meios de produção, impõem as regras a serem cumpridas, toda empresa expressa uma analogia a um campo de trabalho forçado ou prisão. A diferença é que, no início do capitalismo, as ferramentas usadas para impor a vontade dos capitalistas sobre os trabalhadores eram, ao mesmo tempo, mais brutais e menos disfarçadas.

A definição de gestão se constituiu, justamente, a partir dessas determinações:

> O verbo *to manage* (administrar, gerenciar) vem de *manus*, do latim, que significa "mão". Antigamente significava adestrar um cavalo nas suas andaduras, para fazê-lo praticar o *manége*. Como um cavaleiro que utiliza rédeas, bridão, esporas, cenoura, chicote e adestramento desde o nascimento para impor sua vontade ao animal, o capitalista empenha-se, através da gerência (*management*), em *controlar*. E o controle é, de fato, o conceito fundamental de todos os sistemas gerenciais, como foi reconhecido implícita ou explicitamente por todos os teóricos da gerência. (Braverman, 1987, p. 68, grifo do original)

Várias técnicas e ferramentas foram utilizadas ao longo dos anos pelos gestores para impor os interesses dos capitalistas sobre os trabalhadores, desde formas mais precárias e brutais até maneiras mais sofisticadas e disfarçadas de adestramento. Os contornos variaram e variam com o tempo, mas o conteúdo permanece o mesmo. Alguns gestores apelavam para técnicas com maior grau de repressão, fazendo uso até de castigos baseados em agressão física e mental, enquanto outros críticavam esses tratos e forjavam novos grilhões materiais ou subjetivos de controle sobre os trabalhadores. Se os primeiros impunham obediência por meio do temor e da repressão, os seguintes passaram a utilizar formas que poderíamos chamar de mais *discretas* e *modernas*, como elucida um autor clássico da gestão:

> Está entendido que todo chefe tem o poder de se fazer obedecer. Mas a empresa estaria muito mal servida, se a obediência não fosse obtida senão pelo temor da repressão. Há outros meios de conseguir obediência mais fértil em resultados, geradora de esforços espontâneos e de iniciativas refletidas. (Fayol, 1970, p. 130)

Não obstante as mais diferentes formas e os sentidos que desenham sua aparência, a gestão capitalista se fundamenta no controle sobre o trabalho alheio, e isso vale para todas as experiências ao longo do tempo. Para controlar o trabalhador e fazê-lo produzir de acordo com metas, objetivos e desejos dos capitalistas, foi despendido muito esforço mental para descobrir novas formas não somente de exploração, mas também de dominação. O adestramento do trabalhador é sinônimo do controle do processo de trabalho e a medida de sucesso desses elementos determina a eficácia da gestão capitalista.

A gestão capitalista, portanto, surge com uma função precisa: adestrar o trabalhador para que este se comporte no espaço de trabalho não de acordo com sua vontade, mas de acordo com a vontade do dono da empresa que ele integra. Na verdade, as formas de adestramento têm apenas o fundamento no espaço interno da empresa, mas, como veremos de forma mais detalhada nos capítulos seguintes, não respeitam essas fronteiras. Para se manter no poder e conseguir perpetuar a ampliação de sua riqueza por meio da exploração do trabalho alheio, a classe capitalista necessita adestrar o trabalhador não apenas para ser servil na empresa, mas para se comportar de acordo com os imperativos do capital em todos os ambientes que compõem a sociedade capitalista. Para fazer valer esse *status quo*, as escolas – na sua grande maioria – se apresentam como uma das entidades mais eficazes.

Atividades

1. O que diferencia o escravismo e o servilismo do trabalho empregado hegemonicamente a partir do século XIX?

2. Explique a diferença entre trabalho necessário e trabalho excedente.

3. Comente a seguinte afirmação: "O ser humano é o único animal que tem teleologia, ou seja, que tem capacidade de antecipar mentalmente o resultado da sua produção".

4. Em uma empresa capitalista, o trabalhador é possuidor do controle sobre o processo de trabalho? Justifique sua resposta.

5. Qual a função primordial da gestão capitalista?

Indicações culturais

A GUERRA do fogo. Direção: Jean-Jacques Annaud. Produção: Véra Belmont, Jacques Dorfmann, Michael Gruskoff, Denis Héroux, John Kemeny, Claude Nedjar e Garth Thomas. França/Canadá: 20th Century Fox Film Corporation, 1981. 100 min.

O filme retrata as formas embrionárias de sociedades humanas e o papel central do trabalho para o desenvolvimento dos homens, especialmente exposto no domínio do fogo.

TEMPOS modernos. Direção: Charles Chaplin. Produção: Charles Chaplin. EUA: United Artists, 1936. 87 min.

O filme expressa muito bem o processo de transformação do trabalhador num apêndice da máquina, além de explicitar as contradições de uma sociedade dividida em classes e a repressão dos trabalhadores.

A CLASSE operária vai ao paraíso. Direção: Elio Petri. Itália: Versátil Home Vídeo, 1971. 125 min.

O filme demonstra alguns efeitos negativos do processo produtivo capitalista que leva o trabalhador a dois extremos: a exploração máxima de sua força física e mental e a alienação do trabalho e da própria humanidade.

2 Princípios e representantes da gestão capitalista

A distinção central entre a gestão desenvolvida a partir da maturação do capitalismo e a que figurava nos embriões desse modo de produção, ocorre no controle sobre o processo de produção. Como vimos, as primeiras formas de gestão não se baseavam no controle sobre o trabalho, uma vez que o trabalhador era responsável pela produção das mercadorias que seriam revendidas no mercado pelos primeiros capitalistas:

> Em seus inícios, o capitalismo não muda o processo de trabalho. O produtor direto, agora empregado pelo capital, continua a realizar seu ofício da mesma maneira que antes, quando lhe pertenciam as condições objetivas de trabalho. Os instrumentos de trabalho continuam os mesmos, cumprindo a mesma função de mediador entre o homem e o objeto de trabalho. É o trabalhador que maneja sua ferramenta, transformando com ela a matéria-prima em objeto útil determinado. A diferença é que agora o produto de seu trabalho já não mais lhe pertence, mas sim ao capitalista, que detém a propriedade dos meios de produção. (Paro, 1988, p. 46)

Mas essa forma de gestão do trabalho teve prazo de validade curto, pois rapidamente surgiram problemas nesse sistema de subcontratação e principalmente porque os capitalistas logo descobriram que seria muito mais lucrativo reunir vários trabalhadores num mesmo local e fazer com que eles seguissem suas imposições de trabalho. Fazendo valer o controle sobre o processo de trabalho, os capitalistas e seus representantes poderiam fiscalizar a qualidade das mercadorias e determinar o ritmo e a organização da produção.

A partir daquele momento, o capitalista não estava mais preocupado em comprar o fruto da produção dos trabalhadores, mas em adquirir a disponibilidade de trabalho a ser utilizada na sua empresa, da maneira que julgasse ser mais eficiente. Ou seja, no lugar de comprar o resultado do trabalho dos empregados, o capitalista passou a apropriar-se da energia física e mental do trabalhador, impondo a finalidade que desejasse. Assim, "o que o trabalhador vende e que o capitalista compra **não é uma quantidade contratada de trabalho, mas a força para trabalhar por um período contratado de tempo**" (Braverman, 1987, p. 56, grifo do original).

A mudança ocorrida na organização da produção promoveu impactos diretos da regulação entre o homem e o processo de trabalho de tal grandeza que os dois chegaram a tornar-se polos antagônicos de uma mesma relação. Com a vigência do capitalismo, o trabalhador foi desapropriado do controle não somente dos meios de produção, como do futuro do produto por ele produzido, mas também de todo o processo de trabalho. Este, reduzido à força de trabalho, transforma-se numa mercadoria à disposição do capitalista, como qualquer outra presente no mercado. O trabalhador foi, ao mesmo tempo, expropriado dos meios essenciais de produção, do fruto do seu esforço produtivo e da capacidade de decidir como usar sua força de trabalho. No modo de produção capitalista, o domínio sobre todos os elementos necessários à produção das condições materiais de sobrevivência das pessoas que integram a sociedade fica restrito a uma pequena quantidade de pessoas: a classe capitalista.

Em paralelo ao processo de oposição do trabalhador ao resultado do seu trabalho, surge, então, uma nova forma de alienação, entre o trabalhador e o processo de trabalho. Como o trabalhador entra na empresa para acatar ordens e efetuar seu trabalho de acordo com as imposições de seus chefes, é determinante que ele não sinta essa atividade como integrante de sua vida. Como esta é uma realidade imanente e eterna do modo de produção capitalista, cabe aos capitalistas e seus representantes solucionar este paradoxo: fazer com que o trabalhador se dedique ao máximo numa atividade que não lhe satisfaz.

Precisamos ressaltar que, quando afirmamos que o trabalho dentro de uma empresa capitalista não satisfaz o trabalhador, não estamos nos referindo a uma opção de gosto. Não se trata de gostar ou não gostar do trabalho e das pessoas que compõem a empresa na qual se trabalha, mas da condição ontológica que afasta o trabalhador de sua condição de vida: a possibilidade de decidir de que forma deverá efetuar o seu trabalho. Como nas empresas capitalistas o trabalho não é **seu**, mas a posse é do patrão, ocorre, mesmo que o trabalhador não tenha consciência disso, o processo de alienação. Por não apreenderem corretamente essa contradição do modo de produção capitalista, as várias teorias motivacionais presentes no desenvolvimento da gestão capitalista se dedicaram, sem sucesso, a resolver esse paradoxo. Grande parte delas, para resguardar o domínio dos capitalistas sobre os trabalhadores, advoga que a insatisfação do trabalhador advém de problemas individuais, coletivos ou ambientais, mas nunca da própria estrutura da produção.

Com base nessa perspectiva, o primeiro representante clássico da gestão capitalista, Taylor, elucida, de forma concreta, que cabe exatamente ao gestor a função de fazer com que o trabalhador produza o máximo possível e que ainda seja muito feliz com a maior exploração de seu trabalho, ou seja, que mantenha o sorriso mesmo que esteja sendo obrigado a trabalhar para manter a riqueza do capitalista:

> Verificamos que o carregamento médio era de 12½ toneladas por dia e por homem. Depois de estudar o assunto, surpreendemo-nos ao comprovar que os carregadores melhores podiam transportar entre 47 e 48 toneladas por dia, em vez de 12½ toneladas.
> Nosso dever consistia em providenciar que as 80.000 toneladas de barras fossem colocadas nos vagões na proporção de 47 toneladas por homem e por dia, em vez de 12½, como estavam sendo transportadas anteriormente. E, além disso, era também nossa obrigação cogitar que tal serviço fosse executado sem discussões graves e, de tal modo, que os operários se sentissem tão satisfeitos em carregar 47 toneladas em média como as 12½ na forma antiga. (Taylor, 1982, p. 53-54)

Nesse sentido, a gestão proporciona falsas soluções para a oposição de interesses entre trabalhadores e capitalistas, almejando uma disfarçada harmonia no interior da empresa. Se por um lado, o gestor precisa estar em contato direto com os trabalhadores, conhecendo a realidade, os problemas e as limitações deles, por outro lado, não é a vontade dos trabalhadores que ele deverá atender, mas a dos capitalistas. Podemos construir a seguinte imagem: enquanto está com os pés no trabalho, o gestor tem a cabeça no capital.

Diante dessa localização específica no espaço de produção capitalista, o gestor aporta uma mediação entre os trabalhadores e capitalistas e, por isso, seu discurso natural é que seja um provedor de relações harmônicas entre esses polos. No caso de Taylor, o apresentador de sua obra mais famosa aponta bem para o uso desse recurso: "representa também, pelo renome que alcançou, um marco crucial a evolução das ideias sobre produção, riqueza e relações harmônicas entre empregadores e empregados[1]" (Gerencer, 1982, p. 11). Não obstante os esforços dos teóricos da gestão capitalista voltados para o convencimento dessa tese, a realidade da empresa é inquestionável: não se pode promover relações harmônicas quando existem dois polos antagônicos, não apenas com interesses, mas com necessidades opostas. Enquanto o trabalhador luta para diminuir a exploração sofrida, o capitalista combate as conquistas trabalhistas que reduzem sua margem de lucro:

> O capitalista afirma seu direito como comprador, quando procura prolongar o mais possível a jornada de trabalho e transformar onde for possível uma jornada de trabalho em duas. Por outro lado, a natureza específica da mercadoria vendida implica um limite de seu consumo pelo comprador, e o trabalhador afirma seu direito como vendedor, quando quer limitar a jornada de trabalho a determina-

---

1   A busca pela harmonia entre empregados e empregadores é uma qualidade imprescindível para o funcionamento da empresa capitalista e, por isso, o desejo de todo capitalista é que ela nunca seja abalada. Brecht (1990, p. 80) exemplifica bem o discurso capitalista voltado para esse fim: "Irmãos, que momento! O mercado volta à vida; O pior já passou, a crise está vencida; Benditos os empregadores, benditos os empregados; Que à fábrica tornam felizes e congraçados; A voz da razão ouvida com maturidade; Trouxe o bom senso à nossa sociedade; Abram-se os portões, funcione o parque industrial; É no trabalho que se entendem proletariado e capital".

da grandeza normal. Ocorre aqui, portanto, uma antinomia, direito contra direito, ambos apoiados na lei do intercâmbio de mercadorias. Entre direitos iguais decide a força. E assim a regulamentação da jornada de trabalho apresenta-se na história da produção capitalista como uma luta ao redor dos limites da jornada de trabalho – uma luta entre o capitalista coletivo, isto é, a classe dos capitalistas, e o trabalhador coletivo, ou a classe trabalhadora. (Marx, 1985a, p. 190)

Todavia, mesmo entre os gestores capitalistas, a tese da harmonia entre trabalhadores e capitalistas não constitui unanimidade. Ao expor as razões pelas quais os capitalistas não deveriam permitir a participação dos trabalhadores no lucro da empresa, Fayol, um outro autor clássico da gestão, admite que existem conflitos entre o trabalho e o capital e que o papel da gerência é tentar apaziguá-los:

> Não me parece que se possa contar, ao menos no momento, com este modo de retribuição, para apaziguar os conflitos entre o capital e o trabalho. Felizmente, tem havido até o presente outros meios suficientes para assegurar à sociedade uma paz relativa; esses meios não perderam sua eficácia. Cabe aos chefes estudá-los, aplicá-los e fazê-los triunfar. (Fayol, 1970, p. 52)

Fantasiar uma relação harmônica entre trabalhadores e capitalistas não passa, portanto, de efeito ideológico para legitimar a exploração do trabalho, mas, mesmo assim, é necessária para a manutenção do gestor, pois acarreta recebimento de salários, ou outras formas de rendimento, no final do mês. Como quem lhe fornece a remuneração são os capitalistas, nada mais natural que o gestor mistifique a realidade da empresa, a fim de manter a situação o mais calma e tranquila possível. Basta citarmos a existência da mais-valia, que representa, na prática, a exploração dos trabalhadores pelos capitalistas, para desmistificar toda essa conjectura. Estando consciente desse fato, podemos afirmar que a imagem de relação harmônica dentro das empresas, prática discursiva tão repetida nos manuais de gestão, serve, unicamente, para encobrir a existência da exploração de uma classe pela outra com vistas à promoção de relação pacífica entre elas.

Por trás do senso comum presente nos manuais da gestão capitalista, procura-se manter e legitimar os interesses dos capitalistas, difundindo-os como universais. Tanto este como outros artifícios são utilizados cotidianamente na gestão capitalista para um fim determinado: sobrepujar a insatisfação dos trabalhadores e acabar com a resistência contra a exploração do trabalho. Em outras palavras, "a superação do desinteresse do trabalhador e a neutralização de sua resistência às condições de trabalho impostas pelo capital são buscadas através da **gerência**" (Paro, 1988, p. 60, grifo do original).

Ao se analisarem as obras teóricas dos autores mais famosos da gestão capitalista, constata-se que existe, na sua grande maioria, uma defasagem entre o que está escrito e a realidade que está presente no interior das empresas. Por isso, devemos ter precaução metodológica em não aceitar discursos que fantasiam a realidade. Esta, e não as suposições sobre ela, é que deve ser a medida para as pesquisas, e os estudos sobre a gestão não fogem à regra. Nesse sentido, deve existir uma prioridade ontológica do objeto sobre a pesquisa realizada, ou seja, não cabe ao pesquisador imaginar os acontecimentos, mas deve ser fiel aos fatos evidenciados. Com isso, não queremos afirmar que a realidade não pode ser transformada, porque seria natural ou eterna. Explicamos apenas que é a partir da apreensão das principais determinações que se pode desenhar de forma fidedigna a realidade. Como nos ensinou Marx, a teoria é a representação mental do movimento do real e, inclusive para transformar a realidade, é preciso conhecer muita bem suas qualidades estruturais. É com base nesse pressuposto metodológico que podemos desmistificar alguns sensos comuns da gestão.

Frederick Winslow Taylor

Já foi dito que os representantes clássicos da gestão capitalista, que iniciaram a estrutura desse campo de conhecimento e intervenção, tiveram por base a busca pelo controle do trabalhador. Nesse sentido, podemos afirmar que, certamente, Taylor representa a primeira tentativa sistemática de produzir um acúmulo de saber oriundo da prática empresarial para tentar dar conta dos principais problemas que afligem a função da gerência. Esse resultado ficou conhecido como *gerência*, ou *administração científica*, e pode ser definido como "um empenho no sentido de aplicar os métodos da ciência aos problemas complexos e crescentes do controle do trabalho nas empresas capitalistas em rápida expansão" (Braverman, 1987, p. 82).

A grande contribuição de Taylor não foi ter realizado alguma descoberta importante que tenha alterado o desenvolvimento da gestão, mas sim ter sintetizado as experiências existentes, classificado-as e retirado técnicas para organização do trabalho, como ele mesmo admitiu[2]:

> A administração científica não encerra, necessariamente, invenção, nem descoberta de fatos novos ou surpreendentes. Consiste, entretanto, em certa **combinação** de elementos que não fora antes realizada, isto é, conhecimentos coletados, analisados, agrupados e classificados, para efeito de leis e normas que constituem uma ciência seguida de completa mudança na atitude mental dos trabalhadores e da direção, quer reciprocamente, quer nas respectivas atribuições e responsabilidades. (Taylor, 1982, p. 125, grifo do original)

Taylor, precursor da gestão capitalista nos Estados Unidos do final do século XIX, pode ser qualificado como um "obsessivo pesquisador pragmático", uma vez que dedicava a maior parte de suas energias realizando pesquisas extenuantes (como o fato de ter passado mais de 20 anos realizando pesquisas no corte do aço) sem, contudo, preocupar-se em refletir sobre os impactos sociais provenientes das suas proposições. A falta de uma reflexão que apreenda as relações entre as pesquisas realizadas e seus impactos na sociedade permanece, ainda hoje, uma constante em várias áreas do conhecimento. Em muitos casos, costuma-se, também na gestão escolar, realizar uma prática análoga à de Taylor: o emprego de princípios da gestão capitalista como portadores de qualidades universais. Utilizam-se técnicas e ferramentas oriundas do espaço interno das empresas capitalistas para dar conta de um ambiente com outros objetos e objetivos sociais. Omite-se o seguinte: o que o autor chamava de

---

2   Sobre o papel de Taylor como sintetizador das experiências iniciais da gestão capitalista, ver Braverman, 1987, p. 82-111.

administração científica imparcial era, na verdade, um conjunto de técnicas e ferramentas de gestão e organização do trabalho destinado ao uso da classe capitalista. Os estudos de Taylor se baseiam não numa perspectiva social para todas as pessoas, mas num princípio básico do modo de produção capitalista: o controle sobre o trabalho explorado. Por isso, não podemos aceitar suas conclusões acriticamente.

Tendo em vista a necessidade de controle sobre o processo de trabalho, Taylor propôs que a gerência deveria investir em técnicas de seleção e treinamento dos trabalhadores com o objetivo de serem mais bem aproveitados em suas atividades, isto é, "selecionar o melhor trabalhador para cada serviço, passando em seguida a ensiná-lo, treiná-lo e formá-lo, em lugar do antigo costume de deixar a ele que selecionasse o seu serviço e se formasse, da melhor maneira possível" (Gerencer, 1982, p. 21).

A lição escondida nessa formulação é que, quando o trabalhador perde o domínio sobre o cargo ocupado, torna-se mais fácil de ser controlado pelos representantes dos capitalistas. Essa medida foi de importância fundamental nos primórdios do capitalismo, visto que os trabalhadores eram herdeiros da tradição dos ofícios e, por isso, detinham conhecimento e controle sobre todo o processo de trabalho. Se esse costume se mantivesse dentro das empresas capitalistas, como os trabalhadores eram responsáveis pela produção, teriam maior poder de negociação, o que impossibilitaria maiores taxas de lucro. Dissociar as **habilidades do trabalhador** das **atividades dos cargos** acarretou, portanto, uma grande vantagem para os capitalistas.

Com esse princípio, o controle sobre a relação entre empregados e cargos a serem ocupados não se encontra com os trabalhadores, mas nos representantes dos empregadores: "à gerência é atribuída, por exemplo, a função de reunir todos os conhecimentos tradicionais e então classificá-los, tabulá-los, reduzi-los a normas, leis ou fórmulas, grandemente úteis ao operário para execução do seu trabalho diário" (Taylor, 1982, p. 51). Citando as palavras de Braverman (1987, p. 103),

> podemos chamar a este primeiro princípio de *dissociação do processo de trabalho das especialidades dos trabalhadores*, [pois neste] [...] o processo de trabalho deve ser independente do ofício, da tradição e

do conhecimento dos trabalhadores [e, assim,] [...] daí por diante deve depender não absolutamente das capacidades dos trabalhadores, mas inteiramente das políticas gerenciais. [grifo do original]

Além de centralizar o controle sobre a relação entre os empregados e os cargos, decidindo qual o lugar a ser ocupado por cada trabalhador, cabe à gestão também a separação entre as atividades de planejamento e as de execução. De acordo com seu biógrafo e defensor, "um dos pontos principais do trabalho de Taylor é a separação entre as funções de preparação e as de execução" (Gerencer, 1982, p. 22). A principal vantagem dessa separação para o capitalista é que cada vez mais os trabalhadores não conseguem planejar o processo de trabalho, passando a depender da gerência, que concentrará as funções de planejamento.

A organização da produção, o ritmo e a jornada de trabalho, a alocação dos trabalhadores, a idealização da linha de fabricação da mercadoria, enfim, todo o planejamento da produção deve, segundo esse princípio, ser expropriado dos trabalhadores, obrigando-os a seguir os imperativos da gerência. O trabalhador deve ser levado a cooperar com a direção e seguir as determinações da administração científica para "criar um espírito de profunda cooperação entre a direção e os trabalhadores, com o objetivo de que as atividades se desenvolvessem de acordo com os princípios da ciência aperfeiçoada" (Gerencer, 1982, p. 21). Em outros termos, a gestão deve voltar-se para a direção sobre o trabalhador, visto que apenas este é responsável pelas imposições do trabalho, pois detém a função de planejamento. Essa é a configuração da "ciência aperfeiçoada".

De acordo com Braverman (1987, p. 107), o princípio da separação entre concepção e execução, além de servir para garantir o controle sobre o trabalhador, também se destina ao barateamento da força de trabalho:

> Em conclusão, tanto a fim de assegurar o controle pela gerência como baratear o trabalhador, concepção e execução devem tornar-se esferas separadas do trabalho, e para esse fim o estudo dos processos de trabalho devem reservar-se à gerência e obstado aos trabalhadores, a quem seus resultados são comunicados apenas sob a forma de funções simplificadas, orientadas por instruções simplificadas o que é seu dever seguir sem pensar e sem compreender os raciocínios técnicos ou dados subjacentes.

O primeiro autor que elucidou que a separação entre planejamento e execução é importante para a gestão capitalista, porque repercute em barateamento da força de trabalho, foi Charles Babbage e, por isso, esse princípio carrega seu nome:

> O princípio de Babbage é fundamental para a evolução da divisão do trabalho na sociedade capitalista. Ele exprime não um aspecto técnico do trabalho, mas seu aspecto social. Tanto quanto o trabalho pode ser dissociado, pode ser separado em elementos, alguns dos quais são mais simples que outros e cada qual mais simples que o todo. Traduzido em termos de mercado, isto significa que a força de trabalho capaz de executar o processo pode ser comprada mais barato com elementos dissociados do que como capacidade integrada num só trabalhador. Aplicado primeiro aos artesanatos e depois aos ofícios mecânicos, o princípio de Babbage torna-se de fato a força subjacente que governa todas as formas de trabalho na sociedade capitalista, seja qual for a sequência ou nível hierárquico. (Braverman, 1987, p. 79)

Numa sociedade baseada na troca e na venda de força de trabalho, a organização do trabalho e, em especial, a divisão e o parcelamento do processo produtivo não ocorrem de forma natural para possibilitar o potencial de realização do trabalho humano, mas são determinados pela busca de maior lucro. Não afirmamos que a divisão e o parcelamento do trabalho não possam repercutir em formas menos dispendiosas de trabalho e, por isso, facilitem a vida do trabalhador. Apenas elucidamos que, diferentemente dessa possibilidade, ou potencial de melhoria da qualidade de vida do trabalhador dentro da empresa, o fator motivador para a implementação de tais práticas é a busca por maiores taxas de lucratividade a partir de uma maior exploração do trabalhador.

No modo de produção capitalista, em que o capital tece os fios que geram as determinações sobre as criações humanas, o espaço interno da empresa é o lócus privilegiado para alcançar os objetivos do capitalista. Por isso, a divisão e o parcelamento do trabalho não se baseiam no interesse da pessoa que mais diretamente vai integrar esse processo – o trabalhador –, mas no desejo daquele que terá o controle sobre a riqueza produzida. Assim, o princípio da separação entre planejamento e execução não foi implementado no sentido de facilitar a vida do trabalhador, mas para torná-lo uma criatura mais facilmente controlável e mais acessível de ser comprada.

No entanto, é preciso ressaltar que, como já abordamos anteriormente, quando nos reportamos ao trabalho nas suas qualidades ontológicas e na existência inalienável da capacidade teleológica, o ser humano pode realizar a separação entre planejamento e execução[3] e, por isso, essa atividade não precisa, necessariamente, acontecer de forma opositora. Entretanto, esse princípio nunca deixará de ser realizado de forma opositora quando se estruturar mediante classes sociais com interesses opostos: uma querendo apropriar-se da riqueza socialmente produzida pela outra. A gerência, sempre que servir ao capital, será marcada por uma oposição aos interesses dos trabalhadores e, assim, consubstanciará técnicas e ferramentas para ampliar a exploração e a dominação sobre a classe trabalhadora.

Não podemos deixar de citar que as pesquisas de Taylor repercutiram em economia de tempo e de força de trabalho, e isso representa um potencial de progresso para toda a humanidade. No entanto, no modo de produção capitalista, esse potencial não se realiza para todos, visto que, apesar dos avanços de a organização do trabalho provir de um esforço social, apenas poucas pessoas recebem os frutos desse desenvolvimento. O estudo dos **tempos** e **movimentos** realizados por Taylor, por exemplo, proporciona uma incrível economia de trabalho no sentido geral, mas poucas vezes isso é traduzido em melhoria da qualidade de vida dos trabalhadores. Como percebemos na realidade, estes e outros avanços tecnológicos que ampliam a produtividade, não acarretam diminuição da jornada de trabalho.

Com a pesquisa detalhada de tempos e movimentos nas empresas, tornou-se possível não somente a adoção de novas técnicas de trabalho e a alteração das atribuições de cada ocupação, mas uma substituição de movimentos mais precisos no lu-

---

3   Por ser dotado de capacidade teleológica, o homem é o único ente capaz de romper a unidade entre concepção e execução. "Assim, nos seres humanos, diferentemente dos animais, não é inviolável a unidade entre a força motivadora do trabalho e o trabalho em si mesmo. **A unidade de concepção e execução pode ser dissolvida**" (Braverman, 1987, p. 53, grifo do original).

gar de uma gama de atividades desnecessárias. O incremento de produtividade e a redução do dispêndio de força de trabalho é uma resultante inequívoca e, sendo assim, mesmo que se altere o sistema social, ela não pode ser descartada. Se existem novas formas de gerir e organizar a produção que concebem economia de trabalho, estas devem ser analisadas e, caso proporcionem melhoria na qualidade de vida das pessoas que integram a produção, devem ser adotadas[4]. O problema é que, no capitalismo, leva-se em conta apenas a primeira parte da sentença anterior, e a melhoria da vida do trabalhador nunca é uma variável privilegiada.

É por isso que, no capitalismo, a separação entre concepção e execução toma contornos expressivos de crueldade humana, visto que é por meio dessa dualidade que se efetiva uma das formas mais perversas de alienação do trabalho. Não se trata apenas de perder o controle sobre o produto resultante do trabalho, mas de abolir o domínio intelectivo que o trabalhador possui sobre o processo de trabalho. É claro que a extinção total do conhecimento do trabalhador sobre o processo de trabalho se torna uma meta impossível de ser alcançada, e não é mesmo isso que o capitalista deseja. O que está em jogo na separação entre concepção e execução é anular a visualização sobre a totalidade do processo de trabalho, a tal ponto que o trabalhador se sinta refém da gerência para conseguir realizar as funções solicitadas. O trabalhador, assim, mesmo apreendendo partes do processo de trabalho, dificilmente conseguirá refletir sobre as relações entre as diversas partes, pois desconhece a sequência de transformação da matéria-prima em mercadoria, desde sua origem até sua apresentação final.

Como proposição sequencial e complementar à separação entre planejamento e execução, surge a necessidade de outro princípio da gestão capitalista: **o monopólio do conhecimento na gerência**. Ocorrendo a separação entre planejamento e execução, e estando os trabalhadores expropriados do conhecimento sobre o processo de trabalho, todo o saber, assim como o poder de decisão e de planejamento sobre a produção, deve ficar limitado à gerência. Expropria-se do trabalhador todo conheci-

---

4   No capítulo 4, discutiremos os avanços e os limites provenientes da utilização desses estudos numa sociedade voltada para a superação do capitalismo.

mento e poder de decisão e concentra-os nas funções de gestão capitalista.

O monopólio do conhecimento expropriado dos trabalhadores nas funções gerenciais da empresa segue, portanto, as imposições dos princípios anteriores, fornecendo maior substância de controle à gestão capitalista. Nesse sentido, "se o primeiro princípio é a coleta e desenvolvimento dos processos de trabalho como atribuição exclusiva da gerência", seguindo do segundo que determina "a ausência desse conhecimento entre os trabalhadores", o terceiro completa e fortalece os dois por meio da **"utilização deste monopólio do conhecimento para controlar cada fase do processo de trabalho e seu modo de execução."**(Braverman, 1987, p. 108, grifo do original).

Segundo Taylor (1982, p. 51), esse monopólio acontece na prática da seguinte forma:

> O trabalho de cada operário é completamente planejado pela direção, pelo menos, com um dia de antecedência e cada homem recebe, na maioria dos casos, instruções escritas completas que minudenciam a tarefa de que é encarregado e também os meios usados para realizá-la. [...] Na tarefa é especificado o que deve ser feito e também como fazê-lo, além do tempo exato concebido para a execução.

No entanto, para que o controle do trabalhador pela direção seja efetivo, não basta o monopólio do conhecimento; precisa-se também da concentração do poder.

Jules Henri Fayol

Um dos grandes representantes da gestão capitalista, que estudou e implementou formas mais avançadas de controle do trabalhador pela direção da empresa, foi Henri Fayol. No entendimento desse autor (1970, p. 12), para efetivar esse princípio, o gestor precisaria ter "um primordial cuidado em definir exatamente o chefe para isolar a função direcional das atividades diversas com as quais anda sempre misturada e frequentemente confundida".

Fayol, conhecido representante teórico e prático da gestão capitalista na França entre o final do século XIX e começo do XX, desde muito cedo se consagrou nos estudos pela busca da organização mais eficiente de cargos e pessoas nas empresas. Dentro desse campo de pesquisas, elegeu como foco a relação entre os gestores e os empregados, a partir das funções exercidas pela direção e, por isso, suas contribuições podem ser agrupadas em torno de uma doutrina que busca a formação da direção ou, em outras palavras, que sirva como uma escola para chefes de empresas (Fayol, 1970, p. 11). Alguns de seus principais subsídios à gestão capitalista se deram na determinação da autoridade do capitalista e seus representantes sobre os trabalhadores a respeito da qual ele se expressava da seguinte forma: "a autoridade consiste no direito de mandar e no poder de se fazer obedecer" (p. 41).

Para alcançar as metas e os objetivos traçados pelos empresários, a direção deveria exercer de forma eficiente o comando sobre os trabalhadores. Para tanto, a autoridade do capital sobre o trabalho refere-se a um atributo indispensável e sua execução deve seguir alguns padrões definidos. A autoridade não deveria representar um direito resultante de um processo de participação em que todos os integrantes da empresa tenham poder de decisão sobre os detalhes da estrutura organizativa interna, assim como sobre as metas e os objetivos a serem atingidos. A empresa não representa, portanto, um espaço de democracia, mas de imposição dos interesses dos capitalistas sobre os trabalhadores. Tal evidência destrói o senso comum de que a empresa consistiria num interesse geral, pois, se realmente fosse um interesse geral, por que os trabalhadores estariam alijados do poder de decisão[5]?

Ao desenhar as relações de poder numa grande empresa, Fayol apresenta a desigualdade de poder entre as pessoas que a

---

5   No próximo tópico (seção 2.1), ao tratarmos das mudanças acarretadas pelas novas formas de gestão capitalista, analisaremos as teses de que, a partir do toyotismo, os trabalhadores aportariam condições iguais de decidir sobre o futuro da empresa. Até aqui cabe afirmar que, em nenhum momento, essas inovações ferem o princípio da centralização do poder do capital sobre os trabalhadores, sendo descentralizadas apenas decisões laterais, que não democratizam o controle sobre o processo de produção.

compõem, apontando para a concentração de poder de decisão dos representantes do capital em detrimento daqueles que executam o trabalho:

> Da esquerda para a direita vemos primeiro o grupo dos acionistas, depois o Conselho de Administração, em seguida a direção-geral. Até aí o poder esteve concentrado. Desse ponto em diante, ele se dispersa e atinge os confins da empresa, passando pelas direções regional e locais e pelos diversos chefes de serviço. (Fayol, 1970, p. 89)

A síntese dessas duas qualidades que integram esse princípio da gestão capitalista – o monopólio do conhecimento e do poder – está relacionada com a divisão do trabalho na empresa: os que planejam são os que mandam e os que executam são os que obedecem àqueles. Construindo um eufemismo sobre essa realidade, os defensores da gestão capitalista apregoam que não existe uma distância tão grande entre capitalistas e seus representantes dos trabalhadores, mas apenas uma "divisão do trabalho de quase iguais processos entre a direção e os trabalhadores" (Gerencer, 1982, p. 21). O problema é precisamente essa **quase igualdade**, a qual expressa que, enquanto uma classe social controla os meios de produção e o processo de trabalho, a outra precisa limitar-se ao cumprimento de ordens impostas.

Como exposto, a ordem dos princípios integrantes da gestão capitalista é simples: trata-se de uma dinâmica gradativa que retira o controle do trabalhador e passa para o capitalista e seus representantes dentro da empresa. Primeiro promove a dissociação entre o processo de trabalho e as habilidades dos trabalhadores; em segundo lugar, separa as atividades de planejamento das de execução; e em terceiro lugar, concentra todo o poder de decisão e planejamento no processo de trabalho na gerência e proprietários das empresas. Assim, a gestão capitalista elevou o controle a uma imposição sobre todas as partes do trabalho.

Antes da gerência científica, o controle já existia e imperava sobre o trabalhador de diversas formas: agrupando vários trabalhadores sob o mesmo teto e impondo tempos determinados de trabalho, fiscalizando para evitar paradas no trabalho, acompanhando o ritmo e a intensidade, determinando padrões mínimos de qualidade e de quantidade a serem alcançados e impondo atenção voltada para impedir distrações no trabalho. No entanto, a partir das práticas de organização do trabalho iniciadas por Taylor e aprofundadas por seus seguidores, como Fayol, o controle assumiu patamares inusitados, ultrapassando os limites que resguardavam resquícios de autonomia do trabalhador. Do controle sobre o trabalhador, a gestão capitalista passou a implementar um controle sobre todo o processo de trabalho, perpassando todas as fases e os momentos da produção. A gestão capitalista impôs o controle "**como uma necessidade absoluta para a gerência adequada a imposição ao trabalhador [sic] da maneira rigorosa pela qual o trabalho deve ser executado**" (Braverman, 1987, p. 86, grifo do original).

Esses princípios, assim como as principais contribuições dos primeiros teóricos da gestão capitalista, representam a base desse campo de estudo e fornecem as regras básicas para a organização do processo de trabalho dentro da empresa capitalista. Todos possibilitaram um grande avanço em técnicas, ferramentas e tecnologias da produção sem, contudo, questionar o fundamento da gestão capitalista: a busca por maior lucratividade. Nesse sentido, o papel por eles exercido foi, além do desenvolvimento da gestão capitalista, sua naturalização como um conjunto de saber destinado a todas as organizações sociais.

Por não problematizarem os fundamentos estruturais da gestão capitalista, ou seja, a sua função social, autores como Fayol (1970, p. 12) achavam que suas formulações teriam "por objetivo facilitar a gerência de empresas, sejam industriais, militares ou de qualquer índole. Seus princípios, suas regras e seus processos devem, pois, corresponder tanto às necessidades do Exército como às da indústria". Da mesma forma, Taylor (1982, p. 29) advogava que a gestão capitalista poderia servir tanto ao patrão como ao empregado, pois "o principal objetivo da administração deve ser o de assegurar o máximo de prosperidade ao patrão e, ao mesmo tempo, o máximo de prosperidade ao empregado".

Mesmo com o passar dos anos, os representantes da gestão capitalista não modificaram seu discurso e permaneceram na conjectura de uma ciência que poderia servir para melhorar igualmente a vida de todas as pessoas na sociedade, quando, na verdade, privilegiava apenas uma classe social: os capitalistas.

Devido a esse fato, apesar da promoção de alterações nas formas da gestão capitalista, mantiveram sua razão de existência: o adestramento e a exploração da força de trabalho. Muita tinta e papel foram gastos para aperfeiçoar os princípios da gestão capitalista sem, em nenhum momento, colocar em debate seus objetivos mais óbvios.

Se a análise crítica desses princípios deve ser importante para a gestão em qualquer organização que se distinga da empresa capitalista, para a gestão escolar, pela própria peculiaridade de seus objetivos e funções, essa é uma condição imprescindível.

2.1 Outros elementos da gestão capitalista

Já afirmamos que, durante o processo histórico de nascimento e desenvolvimento do modo de produção capitalista, o estudo da gestão e da organização do trabalho passou por mudanças significativas sem, contudo, alterar sua função social. Dominada pelos determinantes sociais que imperam sobre a sociedade capitalista, a gestão capitalista nasceu e se desenvolveu com o objetivo de encontrar e implementar formas mais avançadas de exploração e adestramento da força de trabalho. Trata-se, portanto, da área de conhecimento mais especificamente voltada para a satisfação dos interesses imediatos do capital. Imediatos porque é por meio da gestão capitalista que se originam as formas mais avançadas de exploração do trabalho e, assim, geram as condições para que os capitalistas se apropriem de parte da riqueza produzida pelos trabalhadores. Percebemos, assim, a importância da gestão capitalista para a reprodução material da classe capitalista. Não descartamos, com isso, a necessidade de existência de outras ciências e entidades para assegurar essa exploração e domínio da classe capitalista, como é o caso das organizações que se voltam para o domínio ideológico[6]. Ainda assim, podemos afirmar que esse campo de estudo representa um fértil objeto de análise para aqueles que desejam conhecer de que forma se manifesta concretamente o desdobramento dos interesses mais diretos dos capitalistas.

---

6   Voltaremos a essa discussão no capítulo 4.

Não obstante o fato de que o gestor capitalista tenha mudado de origem social, pois, a partir do momento em que o capitalista acumula quantidade significativa de capital, torna-se prescindível para ele o controle sobre sua empresa, o fundamento que conduz suas decisões não muda. Sobre isso, afirma Marx (1985a, p. 263-264):

> como o capitalista, de início, é libertado do trabalho manual, tão logo seu capital tenha atingido aquela grandeza mínima, com a qual a produção verdadeiramente capitalista apenas começa, assim ele transfere agora a função de supervisão direta e contínua do trabalhador individual ou de grupos de trabalhadores a uma espécie particular de assalariados.

A transferência da gestão da empresa, do capitalista para seu representante, não altera em nada a lógica que determina suas decisões, visto que, para ser aceito e mantido, o gestor precisa atender a algumas regras superiores. A função de intermediário entre o trabalho e o capital não é, todavia, tarefa fácil, mas contraditória, e exige desdobramentos difíceis, uma vez que, apesar de conviver cotidianamente com os trabalhadores, o gestor não pode seguir os interesses deles, mas as imposições dos proprietários dos meios de produção:

> Ao procurar minimizar esse movimento de repulsa do trabalhador às condições do trabalho capitalista, ao mesmo tempo em que promove a organização, sistematização e rotinização das atividades no interior da empresa, a administração capitalista tem como fim o incremento da produtividade geral do trabalho, com vistas à expansão do capital. Ela assume, portanto, a função de mediação entre o capital e o processo de produção de mais-valia, a serviço do primeiro e justificando o segundo. (Paro, 1988, p. 72)

Ainda que, a partir do século XIX, os gestores tenham se tornado também assalariados, não são os assalariados quem estes procuraram e procuram defender, pois são remunerados apenas quando se posicionam contra o interesse de todos aqueles que recebem salários. Sua meta absoluta é proporcionar maiores taxas de mais-valia originadas pela exploração dos trabalhadores e apropriadas pelos capitalistas.

Um dos primeiros marcos da luta antagônica dentro da empresa e que repercutiu em movimentos políticos que promoveram impactos em toda a sociedade foi a luta pela determinação da jornada de trabalho. Se, de um lado, os trabalhadores lutavam pela redução da jornada de trabalho, os capitalistas buscavam todas as formas para reprimir a concretização desses anseios. Uma das primeiras manifestações econômicas da luta dos trabalhadores contra os imperativos do capital em seu espaço interno da empresa foi o chamado *Movimento Ludita*. No final do século XVIII, na Inglaterra, o principal representante desse movimento, Ned Ludd, apregoava a quebra de máquinas e equipamentos como forma de protesto contra a ampliação do desemprego e as precárias condições impostas aos trabalhadores. Apesar de representar um marco na luta dos trabalhadores contra os capitalistas, esse movimento apresentava ainda uma consciência limitada das determinações sociais, elegendo a tecnologia como a causa dos males que afligiam a classe trabalhadora.

A maior conscientização dos trabalhadores fez com que essa luta, que se iniciou no aspecto econômico, aos poucos impulsionasse uma formação política e, nesse sentido, ampliasse o espaço de luta, ultrapassando os limites da empresa e abarcasse as entidades políticas que regulam a sociedade. Com a união e a organização dos trabalhadores, a luta pelos avanços na legislação trabalhista repercutiu em limitação e redução da jornada de trabalho, o que impôs a necessidade do capitalista encontrar novas formas de extração de mais-valia.

De toda forma, a jornada de trabalho, mesmo abrangendo o máximo de horas possíveis, não poderia ultrapassar um limite básico: o descanso não pode ficar abaixo da quantidade de tempo necessária para o trabalhador se restabelecer do dia de trabalho e ficar pronto para o dia seguinte. Assim, mesmo que a legislação trabalhista não apresentasse avanços[7], a gestão capitalista não poderia prolongar de forma indeterminada a extração

---

7   Como a configuração da legislação trabalhista não é eterna, mas representa uma expressão da luta de classes entre trabalhadores e capitalistas, os avanços conquistados podem retroceder, como aconteceu na maioria dos países a partir dos anos 1970 e a implementação das políticas neoliberais. Um bom texto introdutório sobre esse tema é o de Perry Anderson, 2003.

de mais-valia. Por isso que, logo nos seus primeiros passos, os gestores souberam que era preciso investir em novas maneiras de alcançar o lucro e, por isso, precisariam de formas de extração de mais-valia. Não sendo possível o aumento ilimitado da jornada de trabalho, a gestão capitalista destinou-se à implementação de novas formas de organização que induziram o trabalhador a produzir mais, as quais podiam ser realizadas a partir de duas maneiras básicas: pela maquinaria e pela subjetividade.

Fordismo

Um dos maiores exemplos do uso da tecnologia para incrementar a produtividade e controlar o processo de trabalho advém da empresa de fabricação de automóveis Ford. Henry Ford, fundador da Ford Motor Company, tornou-se uma figura bastante conhecida no início do século XX não apenas nos Estados Unidos, mas em todo o mundo, devido às inovações na gestão e na organização do trabalho. Entre elas, podemos destacar a utilização da **linha de montagem** como seu grande diferencial competitivo, alcançando níveis de produtividade impensáveis para a época.

Na produção do automóvel Ford modelo T, foi empregado um equipamento que ampliou as possibilidades do aumento da produtividade do trabalhador e, assim, da elevação da extração de mais-valia: a esteira rolante. A utilização desse equipamento para transportar os componentes do produto durante todo o processo de trabalho gerou uma grande economia, pois se racionalizava o gasto do tempo com o deslocamento tanto dos trabalhadores como dos equipamentos e insumos. Mas o principal resultado da implantação desse equipamento foi a ampliação do controle sobre o processo de trabalho, pois, no lugar do trabalhador determinar o ritmo de trabalho, essa função foi ocupada pela nova máquina[8].

---

8   A mudança da gestão e organização do trabalho, no qual o trabalhador, mesmo que determinado pelo interesse do capital, permanece no controle da produção e das máquinas, para o nível em que se torna mero apêndice da máquina e precisa atender aos ritmos por essa ditados, Marx (2004) chama de *passagem da subsunção formal do trabalho no capital à subsunção real do trabalho no capital*.

> Se a "racionalização" taylorista permitiu uma significativa intensificação do trabalho humano através do controle pela cronometragem dos tempos de operação parciais, no sistema fordista é a velocidade automática da linha de série (do objeto de trabalho, portanto) que impõe ao trabalhador (o sujeito do trabalho), a sua condição de disposição para o labor, estabelecendo, dentro dos limites cada vez mais estreitos de tempo, a "melhor maneira" de trabalhar. (Pinto, 2007, p. 45)

A esteira rolante transportadora tornou-se o instrumento central da organização do trabalho, na qual "os componentes do carro eram transportados", e que, a partir do ritmo imposto, "com paradas periódicas, os homens executavam operações simples" (Braverman, 1987, p. 130). Com a vigência dessa inovação tecnológica, as máquinas passaram, portanto, de função de apoio ao processo de trabalho a um patamar superior, tornando-se o epicentro das decisões, pois o trabalhador precisou submeter-se ao seu funcionamento. Assim, não foram mais os trabalhadores que usaram as máquinas, mas elas que os usaram (Marx, 1980b, p. 385).

Quando entrou em vigor, a linha de montagem transformou-se em marco na organização do processo de trabalho porque proporcionou elevação extremamente significativa da produtividade na empresa, a ponto de incidir nas relações econômicas do mercado capitalista. A descoberta de Ford, ao ser ampliada e disseminada pelas mais distintas empresas, possibilitou uma grande diminuição do tempo de trabalho para produzir as mercadorias e, com isso, deu suporte para a criação de um mercado de massas. O capital encontrou na linha de montagem, desse modo, uma ferramenta crucial que tornou possível atender ao seu imperativo maior: a ampliação do lucro.

Não obstante, o fordismo, como ficou conhecido, não se resumiu a apenas um novo modelo empresarial de organização da produção, mas seus impactos sociais foram tão grandes que forneceram condições para um relativo barateamento das mercadorias, possibilitando a formação de um mercado de massas. O objetivo de Ford era a formação de um mercado consumidor capaz de absorver todas as mercadorias a serem produzidas com essa nova forma de gestão e organização do trabalho por ele implementada. No entanto, apesar do discurso de pacifismo e igualdade realizado por Ford, o que estava por trás daquele projeto de mercado de massas era o tão propalado sonho dos capitalistas: o equilíbrio entre a oferta e a demanda. No entanto, como se viu na realidade, para que essa condição se realizasse minimamente, foi preciso a intervenção do Estado, pois, o mercado, no lugar de constituir a famosa "mão invisível" apregoada por Adam Smith, passou de uma crise econômica à outra.

Em relação aos limites intestinos das empresas, nessa forma de gestão e organização do processo de trabalho, o trabalhador passou a ser visto como um complemento da máquina e tornou-se natural que, da mesma forma que a máquina, ele também fosse tratado como um equipamento mecânico. Na verdade, como na empresa capitalista avançada quem dita os ritmos de trabalho é a máquina e o trabalhador apenas atende às suas determinações, a prioridade dos valores é invertida, e o trabalhador passa a valer menos que uma máquina. Com base nessa premissa, alguns estudos foram realizados para calcular eletronicamente todas as atividades dos trabalhadores dentro da empresa, com o objetivo de ajustá-lo mecanicamente para reduzir o gasto de energia. Nesse sentido:

> O princípio subjacente e que inspira todas essas investigações do trabalho é o que encara os seres humanos em termos de máquina. Visto que a gerência não está interessada na pessoa do trabalhador, mas no trabalhador como ele ou ela são utilizados no escritório, na fábrica, no armazém, no empório ou nos processos de transporte, esse modo de encarar o ser humano é, do ponto de vista gerencial, não apenas eminentemente racional mas, também, a base de todo o cálculo. O ser humano é considerado nesse caso como um mecanismo articulado por dobradiças, juntas e mancais de esfera etc. (Braverman, 1987, p. 156)

Por todas essas medidas, ficou praticamente impossível evitar problemas advindos da insatisfação dos trabalhadores dentro da fábrica de automóveis Ford. O descontentamento dos trabalhadores da Ford tornou-se generalizado a ponto do abandono do trabalho se ampliar em 380% apenas no ano de 1913. Assim, no momento em que se precisava aumentar a capacidade produtiva, para se contratar 100 trabalhadores, era necessária a admissão de pelo menos 963 (Braverman, 1987, p. 132). Ficou patente que, para alcançar maiores taxas de exploração do trabalho, não bastavam novas tecnologias, mas era preciso investir em formas de conquistar a subjetividade do trabalhador.

Enfoque nos elementos subjetivos

Na busca pelo convencimento do trabalhador, com o objetivo de torná-lo mais dócil ao processo de exploração dentro da empresa, a gestão capitalista instalou maneiras de **conquistar sua subjetividade**. Nada mais problemático para a normalidade da empresa que a resistência dos trabalhadores, chegando a ponto de interferir diretamente no ritmo e nas previsões da produção. Por isso, para não promover impactos negativos nos trabalhadores a ponto de eles se sentirem agredidos, a gestão capitalista precisa utilizar técnicas que sejam, ao mesmo tempo, eficazes e mistificadoras:

> Numa sociedade em que, ao menos no nível da justificação da ordem social vigente, a coerção física pura e simples é condenada, a administração capitalista precisa lançar mão de recursos, ao mesmo tempo eficientes e dissimuladores, que lhe permitam exercer, com legitimidade, ao menos aparente, o controle exigido para a expansão do capital. (Paro, 1988, p. 61)

Por isso que, ao referir-se à empresa capitalista, Taylor utilizava metáforas nas quais todos os integrantes desse conjunto social são igualmente responsáveis pelo futuro da equipe. Da mesma forma que um jogo de cricket, a empresa teria, no discurso desse autor, um sentido de grupo "tão forte que, se algum homem deixa de dar tudo o que é capaz no jogo, é considerado **traidor** e tratado com desprezo pelos companheiros" (Taylor, 1982, p. 32, grifo do original). O trabalhador passava de vítima da exploração a sentir-se não somente partícipe da empresa, mas responsável pelos seus problemas.

O grande objetivo desse discurso se encontrava na tentativa de evitar as greves e outras formas de resistência dos trabalhadores contra as imposições do capital, proporcionando uma situação de normalidade na empresa, na qual o trabalhador esteja explorado e satisfeito. O modelo de gestão adotado por Taylor (1982, p. 122) era, segundo sua própria descrição, valioso nesse sentido:

> Neste particular, é oportuno salientar outra vez que, durante os trinta anos que nos temos dedicado a implantar a administração científica, não houve uma só greve entre aqueles que estavam trabalhando

de acordo com os seus princípios, mesmo durante o período crítico de mudança do velho para o novo sistema. Se métodos próprios forem usados por **homens que têm experiência nesse trabalho não haverá absolutamente perigo de greves e outras perturbações**. [grifo do original]

Também Fayol não ficou atrás e demonstrou a prioridade que a gestão capitalista precisava dar ao combate às greves. Entre as funções da gestão capitalista, o autor destacou a importância do departamento de segurança, que teria por missão "proteger os bens e as pessoas contra o roubo, o incêndio e a inundação, e evitar as greves, os atentados e, em geral, todos os obstáculos de ordem social que possam comprometer o progresso e mesmo a vida da empresa" (Fayol, 1970, p. 19). Ou seja, para o autor, a greve seria uma forma de fatalidade que colocaria em xeque a normalidade da empresa, tal qual um acidente, seja natural ou não. Além disso, a greve poderia ser comparada a uma forma de crime, como o roubo, mesmo que o trabalhador esteja apenas defendendo seus direitos ou, antes, o produto resultante de seu trabalho[9].

Para minar a solidariedade dos trabalhadores, desestimulando-os do exercício da resistência contra as imposições do gestor, outra estratégia precisa é a **desmobilização dos trabalhadores**. É bem diferente a luta individual do trabalhador contra as imposições da gerência da pressão de todos os trabalhadores juntos e, por isso, cabe à gestão capitalista tentar encontrar meios de separar os trabalhadores. Essa foi uma regra apreendida por Marx, ao mostrar "que, diferentemente dos generais, que vencem suas guerras pelo recrutamento de exércitos, os capitães da indústria ganham suas guerras pela desmobilização de exércitos" (Braverman, 1987, p. 203).

Taylor dominava com louvor essa estratégia, pois fazia parte de seu pacote de práticas gerenciais o trato individual com os trabalhadores, propondo acordo não somente às escondidas,

---

9   Aqui Fayol externa sem rodeios e de maneira explícita sua visão capitalista da gestão, no sentido de resguardar os bens expropriados dos trabalhadores pelos capitalistas, seja pelo furto, seja pela greve. Na verdade, se fosse mesmo contra o roubo, deveria ser não apenas a favor da greve, como contra a existência da exploração do trabalho. Deveria defender os trabalhadores e não os capitalistas.

mas que servissem para estimular a competição entre seus subordinados. Esse representante da gestão capitalista nunca expunha uma proposta a todos os trabalhadores, mas tentava seduzi-los individualmente, com vistas ao alcance da fragmentação de suas forças e, portanto, de sua desmobilização:

> Neste novo sistema de administração é regra inflexível falar e tratar com um trabalhador de cada vez, desde que cada um possua aptidões próprias e contraindicações especiais, e que não estamos lidando com homens em grupo, mas procurando aumentar individualmente a eficiência e dar a cada um a maior prosperidade. (Taylor, 1982, p. 54)

Com a inserção desses novos elementos, ocorre uma ampliação no foco da gestão capitalista: agora não trata apenas de privilegiar a organização do trabalho, mas também as condições subjetivas que motivam os trabalhadores[10]. Mesmo que ambas as qualidades destinem-se ao provimento de uma maior lucratividade, existe uma diferença entre elas: centrando-se nas condições materiais, busca-se a determinação da forma e do ritmo como se produzem as mercadorias; enquanto isso, ao enfocar os elementos subjetivos, procura-se entender os valores psicológicos e sociais que induzem os trabalhadores a um maior rendimento.

Essa diferença fica mais clara a partir do século XX, quando surgem as primeiras escolas de gestão que enfocam o trabalhador a partir dos fatores que influenciam a motivação dentro da empresa. Assim, diferentemente das primeiras experiências da gestão capitalista, nas quais o enfoque de estudo era a maior produção por meio de organização do trabalho, fluxo da produção, uso de máquinas e equipamentos etc., as posteriores elegeram como prioridade elementos como cultura, valores, clima, ambiente de trabalho etc. Em síntese,

> O aspecto básico dessas diversas escolas e das correntes no seio delas é que, diferentemente do movimento da gerência científica, não se interessam em geral pela organização do trabalho, mas pelas condições sob as quais o trabalhador pode ser induzido melhor a cooperar no esquema de trabalho organizado pela engenharia industrial. (Braverman, 1987, p. 125)

---

10 Por isso, o uso recorrente do termo *gestão e organização do trabalho*.

No entanto, apesar de mudar o foco das pesquisas, as novas escolas da gestão capitalista não romperam com as determinações originais desse campo de estudo. Na verdade, não romperam sequer com as formulações advindas dos seus primeiros representantes, como é o caso das premissas apregoadas por Taylor. Nesse sentido, não somente cristalizaram a função da gestão capitalista como elo de exploração e dominação dos trabalhadores a serviço dos capitalistas, como mantiveram práticas de décadas atrás. Por isso, podemos afirmar que, mesmo ocorrendo alterações na forma da gestão capitalista, seu conteúdo permaneceu o mesmo. Criaram-se novos adereços para a velha fantasia:

> O trabalho em si é organizado de acordo com os princípios tayloristas, enquanto os departamentos de pessoa e acadêmicos têm-se ocupado com a seleção, adestramento, manipulação, pacificação e ajustamento da "mão de obra" para adaptá-la ao processo de trabalho assim organizado. O taylorismo domina o mundo da produção; os que praticam as "relações humanas" e a "psicologia industrial" são as turmas de manutenção da maquinaria humana. Se o taylorismo não existe hoje como uma escola distinta deve-se a que, além do mau cheiro do nome, não é mais propriedade de uma facção, visto que seus ensinamentos fundamentais tornaram-se a rocha viva de todo projeto de trabalho. (Braverman, 1987, p. 84)

É certo que autores como George Elton Mayo ou Hugo Münsterberg promoveram inovações no campo da gestão capitalista, mas trata-se de equívoco afirmar que essas novidades promoveram alguma inflexão significativa. Esses autores davam como pré-requisito natural e eterno a exploração do trabalhador e erguiam suas propostas a partir de uma organização do trabalho já definida anteriormente. Assim, apesar de centrar as análises nos aspectos que influem diretamente na motivação dos empregados, descartaram a influência direta do antagonismo entre os trabalhadores e os capitalistas na conformação da configuração subjetiva. Como consequência dessa falha, aos poucos perceberam as lacunas de suas descobertas.

A primeira etapa dessas pesquisas foi dedicada ao estudo dos elementos individualmente motivadores do trabalhador e, para tanto, as pesquisas aportaram ingredientes da psicologia. Mas, em pouco tempo, Mayo admitiu que, para apreender as bases da motivação dos trabalhadores, não se alcançariam resultados suficientes limitando-se ao estudo individual; precisava-se ampliar os horizontes. No lugar do trabalhador individual, optou-se pelo ambiente de trabalho e, nesse sentido, foram buscar na fisiologia a base para as pesquisas. Münsterberg elaborou um conjunto de fatores determinantes para o desempenho do trabalhador e, desde iluminação, arranjo de máquinas e equipamentos, esforço gasto nos movimentos executados, entre outros, estudou os detalhes do ambiente de trabalho. Mas, apesar do esforço, não conseguiu grandes avanços.

Não obstante, como os resultados também não foram satisfatórios, no lugar do trabalhador individual ou do ambiente de trabalho, priorizou-se o grupo social, e a ciência requerida foi a sociologia. Mesmo com a criação da sociologia industrial e a instauração de novas particularidades analíticas, a tendência derivou na mesma limitação: estudos para compreender as interações humanas na empresa, com vistas a um melhor aproveitamento do trabalho a serviço do capital, dando como condição negligenciada a antinomia entre trabalho e capital. Assim, a base da gestão capitalista se manteve e ocorreram apenas mudanças laterais.

Em síntese, o que buscavam esses autores eram as melhores formas de intermediar a escolha do trabalhador para determinada função, de maneira tal que ocorresse uma simbiose entre os dois, de maneira que o trabalhador não exercesse a função delegada de maneira displicente, mas que se sentisse interessado e realizado. A escala de medir a satisfação e a motivação do trabalhador se estruturou, portanto, pela disposição desses dois polos – o trabalhador e o cargo ocupado –, gerando maiores pontuações e melhor avaliação quando mais próximos estivessem da qualificação para ocupar o cargo e o perfil apresentado pelo candidato. Em regra geral, é assim que se baseiam as várias teorias motivacionais que almejam alcançar o milagre buscado em toda gestão capitalista, desde Taylor até os dias atuais: um trabalhador que seja, ao mesmo tempo, extremamente explorado e que se sinta bem feliz por isso.

Se, por um lado, o enfoque dessas pesquisas aponta para uma suposta preocupação com os funcionários da empresa, por outro exacerbam ainda mais as tentativas de falsificar a realidade e instaurar um discurso que legitime a necessidade do capitalista. Nesses momentos, podemos nos perguntar se não seria mais progressista o discurso ao mesmo tempo cruel e honesto de Taylor, visto que, ao menos, não tergiversava sobre os objetivos da administração capitalista.

Toyotismo

A partir da década de 1950 surgiu um modelo de gestão que promoveu distúrbios na normalidade da gestão capitalista, pois ampliou e unificou diretamente a busca pela dominação da subjetividade do trabalhador com o desenvolvimento de formas mais avançadas de organização da produção. O toyotismo – como ficou conhecida a experiência implementada na fábrica japonesa de automóveis Toyota – conduziu grande parte das mudanças de gestão e organização do trabalho, pois conseguiu aliar o uso de máquinas e equipamentos mais avançados com táticas sofisticadas de persuasão sobre os empregados.

Inserido num contexto de guerras, pois, além de ocorrer depois da Segunda Guerra Mundial, o contexto histórico marcava a fase inicial da Guerra Fria, expresso na Guerra das Coreias, o Japão dos anos de 1950 caracterizava-se, ao mesmo tempo, por uma situação precária e promissora. Ainda erguendo os destroços advindos da Segunda Guerra Mundial[11], empresas e indústrias japonesas ficaram diante de uma grande oportunidade de negócios, pois, com a guerra entre a Coreia do Sul e a Coreia do Norte, ambos os países necessitaram de artefatos e utensílios complementares para as batalhas, como roupas e automóveis.

---

11   Para visualizarmos a situação precária em que se encontrava o Japão, basta lembrarmos que seu território foi atingido por duas bombas nucleares: a primeira, apelidada de "little boy" pelos estadunidenses, causou a morte de pelo menos 250 mil pessoas na cidade de Hiroshima, enquanto a segunda, em Nagasaki, batizada de "*fat man*" em homenagem às formas arredondadas do primeiro ministro inglês, exterminou imediatamente cerca de 40 mil vidas humanas.

Para tanto, contando com a permissão e ajuda dos EUA, que perceberam naquela oportunidade, além da fonte de lucros, uma influência bélica sobre a região, as empresas japonesas se esforçaram para encontrar formas mais eficientes e flexíveis de produção[12]. Entre elas, o destaque maior cabe à fábrica Toyota.

Desenvolvido por Taichii Ohno, o toyotismo representou um modelo de gestão e organização de trabalho que presume a intensificação da produção a níveis inéditos, por meio de algumas condições básicas: a alteração da estrutura organizacional, a utilização de novas tecnologias que ampliavam o controle sobre o trabalhador e a instauração de formas mais avançadas de motivação. Aliando o crescimento ampliado da produtividade, o aprofundamento do controle da gerência sobre os trabalhadores e as técnicas de fragmentação da consciência coletiva, esse modelo tornou-se, aos poucos, hegemônico em todo o mundo. Especialmente a partir da crise do capital nos anos de 1970, que impôs taxas menores de lucro para as grandes empresas mundiais, os postulados do toyotismo passaram a integrar a cartilha de grande parte dos executivos e compor o senso comum da gestão capitalista.

Entre as principais mudanças na estrutura organizacional, o toyotismo pautou-se por um processo de redução não somente de empregados, mas também de ocupações, gerando uma empresa menor, com menos hierarquia, menos custosa e mais eficiente, que ficou conhecida como "empresa enxuta". Com a demissão de vários trabalhadores e a redução dos cargos tidos como desnecessários, a gestão ampliou o escopo do processo de trabalho, adestrando seus empregados para a realização de múltiplas atividades, reduzindo a níveis mínimos o tempo de descanso, o que ficou conhecido como *polivalência*. Sendo adestrados para uma maior quantidade de ocupações, os trabalhadores passaram por processos de flexibilização, nos quais, sempre que preciso, foram obrigados a realizar atividades diferentes, reduzindo o tempo de descanso.

---

12   Vale lembrar que, com a derrota na Segunda Guerra Mundial, o Japão passou a ser controlado pelos imperativos dos EUA, além da intervenção direta do General MacArthur.

Com a imposição de que o trabalhador precisa se dedicar o máximo à empresa ou, nas palavras do senso comum da gestão capitalista, que precisa "vestir a camisa da empresa", o seu tempo de descanso se tornou muito reduzido. Para cumprir a máxima capitalista de "proteger nossa empresa para defender a vida" (Oliveira, 2004, p. 65), o trabalhador precisa produzir novas sugestões diariamente, até os momentos de lazer e em que está com a família serão tencionados pelas imposições do capital.

Os processos de flexibilização da produção foram incrementados de duas formas: fora e dentro da empresa. Fora da empresa, com vistas à redução dos custos, o processo de flexibilização foi desenvolvido por meio do retorno das relações de subcontratação, ou seja, pela terceirização[13], no qual trabalhadores de outras empresas ou autônomos, com ou sem contratos, passaram a exercer atividades produtivas. Com isso, a exploração não se deu mais somente entre trabalho e capital na empresa, mas entre empresa maior e empresa menor, visto que, ao delegar atividades entre uma empresa terceira, o objetivo era diminuir os custos e aumentar o trabalho excedente apropriado. Tudo isso implicou aumento do trabalho precário e concentração ampliada do capital.

No espaço interno da empresa, forjou-se a base para a exploração coletiva do trabalho e, no lugar da determinação do ritmo de trabalho individual, as metas produtivas foram impostas às equipes de trabalho. Cada um desses grupos pode ser denominado de "'células de produção' e constituem-se de equipes de trabalhadores, que podem alternar-se em seus postos conforme o volume de produção pedido, ou metas de qualidade exigidas ou outro motivo" (Pinto, 2007, p. 80).

Quando a equipe passou a ser responsável pelo cumprimento do ritmo de trabalho, os próprios trabalhadores passaram a exercer atividades de fiscalização, exigindo do seu companheiro o cumprimento das metas impostas pela gestão capitalista. Essa união entre as funções de execução e fiscalização da produção pelas equipes de trabalho ficou conhecida como *Círculos*

---

13   Depois da terceirização, na qual uma empresa delegava parte de suas atividades para outra, passou a existir a quarteirização, na qual a própria empresa terceirizada utiliza atividades de outra empresa.

de *Controle de Qualidade* (CCQ), nos quais foram utilizadas técnicas de intensificação do trabalho e de responsabilização do trabalhador pela sua própria exploração.

Tendo por base a busca por maior produtividade e comprometimento do trabalhador, essa forma de gestão e organização do trabalho ensejou novas tecnologias. Entre as mais utilizadas, destacam-se o Kanban e o Just-in-time, que se complementam para estabelecer a produção em ritmo sempre mais elevado, sem nenhuma parada. Enquanto o Kanban expressa um uso de cartões para agilizar o fluxo da produção, denunciando e constrangendo o trabalhador culpado pela parada, o Just-in-time constitui a base para redução de tempo e custos com a armazenagem, por meio da meta do estoque zero. Essas novidades impuseram um processo de trabalho que funcionava autonomamente, sem interferência humana e que, por isso, conseguiram retirar o máximo de energia física e mental do trabalhador. Trata-se da "**autonomação**", definida por Pinto (2007, p. 74) como

> um neologismo criado a partir da junção das palavras "autonomia" e "automação", pois se trata de um processo pelo qual é acoplado às máquinas um mecanismo de parada automática em caso de detectar-se algum defeito no transcorrer da fabricação, permitindo-as assim a funcionar autonomamente (independente da supervisão humana direta), sem que se produzissem peças defeituosas.

O trabalhador precisava, ao mesmo tempo, executar o trabalho de acordo com os ritmos ditados pelas máquinas e fiscalizar se a sua equipe está cumprindo as metas estabelecidas pela gerência. O fato de os trabalhadores serem forçados a tornarem-se também fiscais do capital promoveu impactos diretos na solidariedade classista, o que facilitou o domínio do trabalhador pela gestão capitalista. Nesse sentido, o aspecto ideológico do toyotismo deve ser ressaltado como uma grande conquista dos capitalistas contra os trabalhadores:

> O toyotismo apresenta-se tanto como uma reestruturação em direção ao trabalho flexível e autônomo – mais ideologia que realidade – quanto como uma estratégia de des-identidade, ou de redefinição das identidades no mundo operário. Para resumir uma longa literatura, é uma operação ideológica no sentido de operar a transferência da

identidade da classe e do sindicato para a empresa. A reengenharia é simultaneamente, pois, a nova forma técnica e a nova forma ideológica. Este é o terreno onde está se travando uma das lutas decisivas para o futuro do trabalho ou, melhor dizendo, para se definir o que quer dizer trabalho. (Oliveira, 2000, p. 11)

Assim, as inovações no campo de gestão e organização do trabalho, oriundas dessas experiências estabelecem-se seguindo as máximas de ampliação da exploração e dominação do trabalhador, aumentando a subordinação do trabalhador ao capital por meio de máquinas e apropriação da sua subjetividade a serviço do capital. Seguem, portanto, os mesmos pilares que consubstanciaram seu nascimento.

Atividades

1. Comente a seguinte afirmação: "Em paralelo ao processo de oposição do trabalhador ao resultado do seu trabalho, surge, então, uma nova forma de alienação, entre o trabalhador e o processo de trabalho".

2. Disserte sobre a separação entre concepção e execução do processo de trabalho.

3. Quais os principais representantes da gestão capitalista?

4. "Poderíamos construir a seguinte imagem: enquanto está com os pés no trabalho, o gestor tem a cabeça no capital". Explique a relação do gestor com o capital e o trabalho na empresa capitalista.

5. Compare o fordismo com o toyotismo.

Indicações culturais

PÃO e rosas. Direção: Ken Loach. Produção: Rebecca O'Brien. Inglaterra: Lions Gate Films Inc./Filmes do Estação, 2000. 110 min.

    O filme expõe a precariedade das funções de trabalho menos qualificadas e como tal fato torna-se agravado a partir da divisão internacional do trabalho, com a incorporação de empregados imigrantes, a quem são negados vários direitos.

NORMA Rae. Direção: Martin Ritt. Produção: Tamara Asseyev e Alexandra Rose. EUA: 20th Century Fox, 1979. 114 min.

    O filme expõe duas grandes dificuldades na vida dos trabalhadores de uma empresa capitalista: a luta pela sua organização e a criação de um sindicato, e as complicações relativas ao trabalho feminino.

ROGER & eu. Direção: Michael Moore. Produção: Michael Moore e Wendey Stanzler. EUA: Warner Bros., 1989. 91 min.

    O filme apresenta exemplos da divisão internacional do trabalho, em que empresas capitalistas transitam entre cidades e países à procura de força de trabalho com menos custos, deixando um rastro de desemprego e miséria.

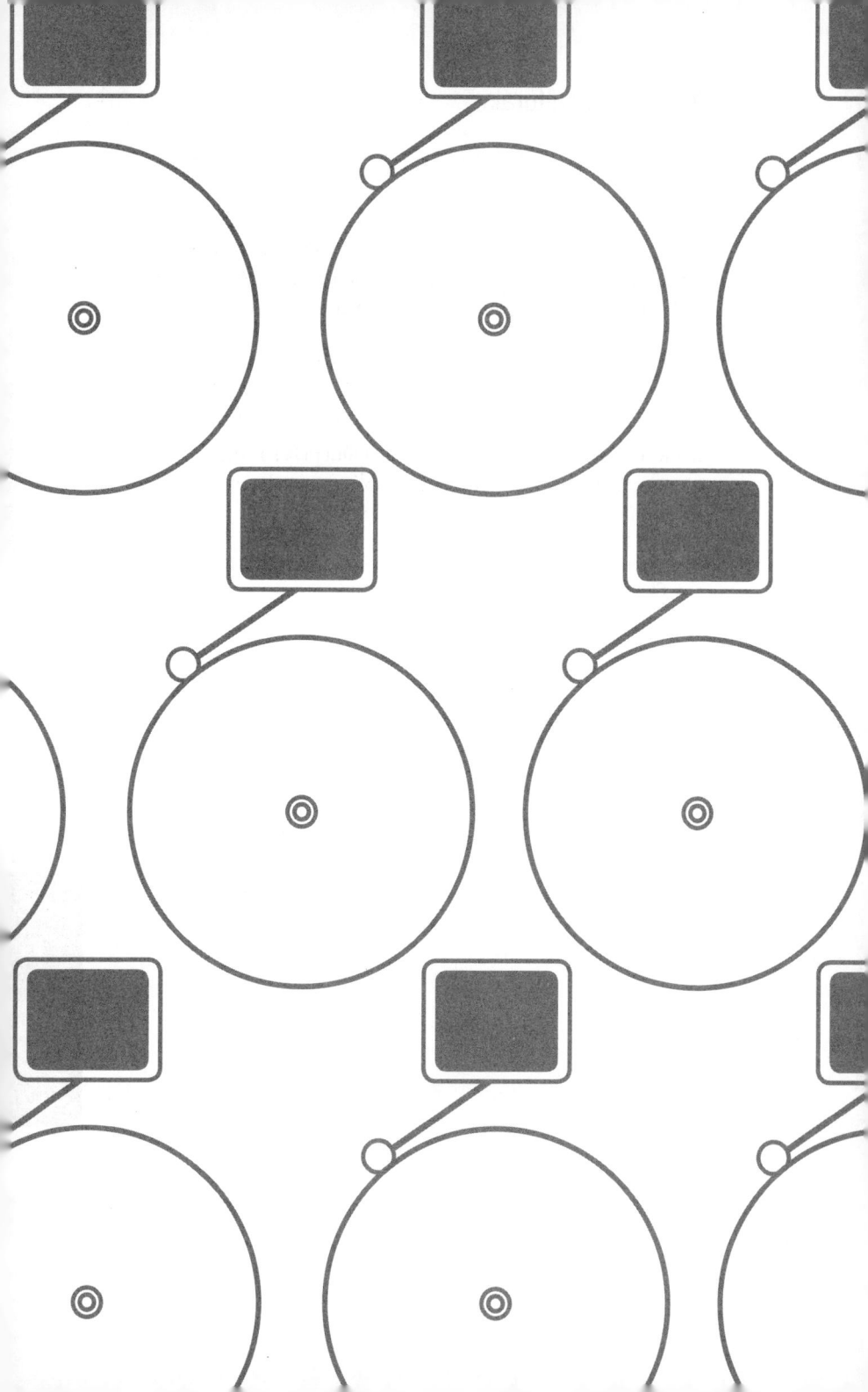

3 Gestão capitalista: ciência ou ideologia?

Explicamos no capítulo anterior que, apesar das inovações ocorridas no campo da gestão e da organização do trabalho, suas mudanças apresentaram pouca capacidade transformadora, pois, mesmo com mais de dois séculos de desenvolvimento, a gestão capitalista permaneceu fiel aos seus princípios e pressupostos básicos. Vale frisar que dificilmente essa análise poderia apresentar outra conclusão, uma vez que, como qualquer área do conhecimento ensejada pelos ditames do capital, e ainda mais por ser, como já apontamos, um conjunto de técnicas e ferramentas que serve ao atendimento das necessidades mais imediatas do capitalista, o interior da gestão capitalista apresenta poucos elementos de conflito ou tensão. Não afirmamos que o conflito não faça parte do objeto de suas formulações, mas apenas que, no interior da gestão capitalista, as forças que a condicionam são hegemonicamente as mesmas: as imposições da classe capitalista. Nesse sentido, vale lembrar que sua condução é paradoxal, visto que, apesar de ligar-se cotidianamente à realidade dos empregados, o gestor deve atender não aos interesses destes, mas aos de seus superiores, ou seja, aos interesses dos acionistas e proprietários da empresa.

A margem de manobra do gestor dentro da empresa capitalista é bastante restrita, uma vez que ele, para se manter no cargo, precisa alcançar taxas gradativas de lucro e, para tanto, como vimos, é preciso recrudescer as taxas de exploração dos trabalhadores. O parâmetro de sucesso do gestor dentro da empresa capitalista é inequívoco: a quantidade de lucro alcançado ou, em termos mais sofisticados, a valorização da empresa na bolsa de valores. Com a valorização das ações da empresa, os acionistas estarão satisfeitos, e o gestor permanecerá no cargo, podendo, dependendo da rentabilidade das ações, conseguir até um aumento ou um melhor contrato de trabalho.

De maneira semelhante aos trabalhadores que continuam empregados apenas quando servem para valorização do capital, os gestores também estarão no "olho da rua" caso não proporcionem ampliação da riqueza dos capitalistas que os empregam. Nesse sentido restrito[1], podemos dizer que existem algumas semelhanças entre gestores e trabalhadores, pois, da mesma forma destes, aqueles são demitidos se não conseguem efetivar as imposições dos capitalistas:

> na condição de assalariado, enfrentavam também esses administradores a subordinação ao desemprego e aos baixos salários, no cumprimento das metas estabelecidas pelos proprietários, os quais, por sua vez, as estipulavam em condições cada vez mais difíceis, mediante a luta que travavam entre si pela conquista de novos mercados. (Pinto, 2007, p. 24)

A autonomia do gestor é sempre regulada pelos interesses dos proprietários da empresa de que ele faz parte e, nesse sentido, o mais proeminente é a aquisição de condições materiais, ou seja, de ganhos para ampliar suas riquezas. Não se trata, portanto, de escolha individual, mas de uma determinação que lhe é imposta de forma superior. Assim, "por maior que seja, [...] a autonomia da administração é sempre uma autonomia relativa, já que deverá estar sempre ligada aos objetivos da coisa administrada, que no capitalismo soa os objetivos do capital" (Paro, 1988, p. 75). Apesar de ter poder de decisões que influem na organização interna e no futuro geral da empresa, trata-se de uma mistificação crer que o gestor pode realizar decisões de maneira independente.

Mesmo que, como resultado do processo histórico, o capitalista tenha acumulado capital a ponto de delegar o controle sobre sua empresa a outras pessoas, ele não perde, com isso, a

---

[1] Apesar de suas peculiaridades, podemos dizer que essa é uma das únicas qualidades que aproximam, mesmo que de forma desigual, trabalhadores e gestores. Por todas as outras, podemos afirmar que os gestores não fazem parte da classe trabalhadora. Sobre isso ver: Lessa, 2007.

sua propriedade, e a propriedade sobre a empresa se traduz em poder e controle². A separação dessas variáveis representa, desse modo, uma situação fictícia:

> A separação absoluta entre poder e propriedade ou entre controle e propriedade é, pois, ilusória, já que "é a propriedade que determina quem deve comandar e quem deve obedecer" (Mills, 1969: 125); ou seja, é o capital que a administração continua a servir, não importa em quantas cotas-partes esteja ele dividido. (Paro, 1988, p. 76)

Por isso, no decorrer deste livro, não propomos uma análise moralista do desenvolvimento da gestão capitalista, mas analisamos os representantes desse campo do conhecimento a partir de suas relações de interdependência com as determinações sociais. Por mais que se sintam independentes, os representantes da gestão capitalista cumpriram, na sua grande maioria, as determinações do capital. Baseando-se em Marx, poderíamos apontar que, por mais que tentem se colocar como pessoas independentes, os gestores capitalistas foram e permanecem sendo, em geral, criaturas do capital.

Nas palavras de Marx (1985a, p. 13):

> Não pinto, de modo algum, as figuras do capitalista e do proprietário fundiário com cores róseas. Mas aqui só se trata de pessoas à medida que são personificações de categorias econômicas, **portadoras** de determinadas relações de classe e interesse. Menos do que qualquer outro, o meu ponto de vista, que enfoca o desenvolvimento da formação econômica da sociedade como um processo histórico-natural, pode tornar o indivíduo responsável por relações das quais ele é, socialmente, uma criatura, por mais que ele queira colocar-se subjetivamente acima delas. [grifo do original]

---

2   Uma das vantagens de delegar poderes para o gestor é que o capitalista se desvia dos trabalhadores como objeto de pressão. O gestor apresenta-se, ao mesmo tempo, como responsável pela realidade interna da empresa e cumpridor de ordens superiores. Dentro dessa dinâmica complicada, o trabalhador não sabe a quem apelar: se for ao gestor, este lhe dirá que cumpre ordens; se conseguir identificar o dono da empresa e for cobrar melhorias, este lhe dirá que a responsabilidade é do gestor. Assim, o capitalista segue explorando trabalhadores e afastando-se de suas contestações.

Como, em suas formulações gerais, a gestão desenvolvida a partir do modo de produção capitalista se voltou para a defesa dos interesses da classe dominante, podemos afirmar que sua capacidade de posicionamento crítico frente ao objeto de estudo foi extremamente restrita ou até nula. Por isso que, aceitando as determinações do capital como uma qualidade natural e eterna, a gestão não proporcionou um acúmulo de conhecimento capaz de servir a diferentes fins organizacionais. A sua meta é o lucro e seu lócus de atuação é a empresa capitalista privada. Diferentemente do que apregoam alguns de seus representantes, a gestão capitalista não alcançou um patamar de universalidade.

As palavras a seguir, escritas por um dos defensores da gestão capitalista, não passam de fantasia: "como todos os grandes, Taylor havia feito seu problema de consciência um problema universal. Por isso, quando encontrou seu próprio caminho, havia aberto uma grande estrada para todos e deixado uma fama universal" (Gerencer, 1982, p. 17). Conforme analisado nos capítulos anteriores, Taylor, assim como tantos outros destacados pesquisadores, promoveram avanços na gestão capitalista, porém isso não quer dizer que estes abordam um problema universal, mas, sim, pelo contrário, os problemas específicos de uma classe. Para ser universal, a gestão precisaria destinar-se aos interesses de toda a humanidade.

Não obstante, não é imediata essa desmistificação, assim como a identificação de destino limitador desse campo de conhecimento. Até mesmo alguns autores que adotam perspectiva crítica assimilaram o discurso da universalidade da gestão capitalista e reproduziram sua ideologia. Esse é o caso do sociólogo francês Georges Friedmann, que, mesmo depois de longa pesquisa sobre a organização do trabalho na sociedade industrial, convergiu para a tese de que Taylor preocupava-se com a organização do trabalho em sentido universal. Segundo Braverman (1987, p. 85-86), "não é a 'melhor maneira' de trabalhar 'em geral' o que Taylor buscava, como Friedmann parece presumir, mas uma resposta ao problema específico de como controlar melhor o trabalho alienado – isto é, a força de trabalho comprada e vendida". Podemos dizer aqui que se trata de trabalho alienado em dois sentidos: juridicamente ou economicamente, e subjetiva ou filosoficamente. O trabalhador, na empresa capitalista, tanto vende seu trabalho como uma mercadoria, passando o controle jurídico e econômico ao capitalista, como sofre os efeitos desse processo na sua subjetividade, sentindo o trabalho como um ente estranho que o enfrenta de forma negativa.

Diferentemente do que apregoam seus representantes, a gestão capitalista não se destina ao estudo da universalidade da organização do trabalho, mas especificamente para a relação de compra e venda da força de trabalho e suas implicações. A gestão capitalista não tem como foco privilegiado a situação do trabalhador, mas volta-se para ela como se esta fosse uma máquina ou equipamento que requer correções para produzir mais. O trabalhador é igualado a qualquer outro recurso disponível, pois, como o próprio nome já indica, é considerado parte dos recursos humanos. Essa abordagem não se estabelece, portanto, a partir de uma perspectiva universal, mas do ponto de vista do capital:

> Ela parte, não obstante um ou outro protesto em contrário, não do ponto de vista humano, mas do ponto de vista do capitalista, do ponto de vista da gerência de uma força de trabalho refratária no quadro de relações sociais antagônicas. Não procura descobrir e confrontar a causa dessa condição, mas a aceita como um dado inexorável, uma condição "natural". Investiga não o trabalho em geral, mas a adaptação do trabalho às necessidades do capital. (Braverman, 1987, p. 83)

A despeito da comprovação empírica dessa realidade, a gestão capitalista precisa se apresentar como portadora de qualidades universais, pois, como se trata de uma ferramenta estratégica dos capitalistas, ela também tem a função social de manter a dominação social e, para tanto, é preciso esconder que a empresa se estabelece a partir de oposição de interesses. Devido às determinações sociais que a consubstanciam, a gestão capitalista não pode prescindir do uso de elementos ideológicos que forneçam uma base de legitimidade. Seria problemático para sua vigência que esta fosse apresentada como um conjunto de técnicas desenvolvidas historicamente para aperfeiçoar a exploração dos trabalhadores em proveito de seus patrões. Por isso, para se manter socialmente aceita, precisa esconder seus reais objetivos e disseminar que é destinada a prover as necessidades de todos[3]. Aqui se encontra o segredo de sua falsa universalidade.

É imprescindível para a hegemonia e a dominação da classe capitalista que esta apresente seus interesses e sua visão de mundo como universais. Dentro de uma sociedade dividida em classes sociais, esse processo se apresenta como obrigatório para a elite se manter no poder:

> Com efeito, cada nova classe no poder é obrigada, quanto mais não seja para atingir os seus fins, a representar o seu interesse como sendo o interesse comum a todos os membros da sociedade, ou, exprimindo a coisa no plano das ideias, a dar aos seus pensamentos a forma da universalidade, a representá-los como sendo os únicos razoáveis, os únicos verdadeiramente válidos. (Marx; Engels, 1973, p. 57)

Determinada por essa necessidade social de domínio sobre a classe dos trabalhadores, cabe à classe capitalista disseminar ao máximo ingredientes que integram sua ideologia. E, para que a ideologia capitalista se concretize como a visão de mundo aceita pela maioria das pessoas, diferentes meios são utilizados para repetir, sempre que possível, suas premissas. Entre os meios, estão as obras dos representantes da classe capitalista e, nos "ingredientes" da ideologia capitalista, encontra-se o de que a empresa se estrutura pelo interesse de todos que a compõem. Como evidência dessa análise, há a obra *Administração industrial e geral*, de Fayol, na qual o autor afirma que "o interesse de um agente ou de um grupo de agentes não deve prevalecer sobre o interesse da empresa", da mesma forma "que o interesse da família deve estar acima do interesse de um de seus membros e que o interesse do Estado deve sobrepor-se ao de um cidadão ou de um grupo de cidadãos" (1970, p. 46).

---

3   Como veremos mais à frente, diferentemente de afirmar que a gestão capitalista serve para atender aos interesses da classe capitalista, é dizer que todos os seus elementos, mesmo com a mudança das determinações sociais que a cadenciam, continuaram nesse mesmo objetivo. Cremos que, apesar dessa comprovação, não se pode concluir pela impossibilidade da apropriação de alguns elementos desenvolvidos na gestão capitalista e sua utilização em proveito de um projeto societário de caráter universal.

Faz parte da ideologia capitalista conceber a empresa como uma entidade de função universal, quando esta, na realidade, é formada por duas classes antagônicas em luta pela defesa de seus interesses. Seguindo a base dessa ideologia, a empresa é apresentada por Fayol de forma análoga ao modo que o mercado é exposto pelos teóricos capitalistas: como uma relação entre iguais. Por isso, ambas as partes deveriam enxergá-la como uma entidade de destino geral e que, por isso, deveria estar acima dos interesses particulares. Além disso, o discurso desse autor é mistificador pela defesa da universalidade do Estado, quando este, em uma sociedade de classes, não representa uma entidade ideal que paira abstratamente acima dos interesses particulares das classes sociais, mas é um elemento necessário para manter a ordem e, nesse sentido, serve, de forma hegemônica, à classe dominante.

Dessa forma, a ideologia capitalista destina-se à transformação ilusória de uma entidade que serve à manutenção de um específico modo de produção em portadora de qualidades gerais e naturais ou, como expressa Paro (1988, p. 125),

> a administração especificamente capitalista, que, mercê dos condicionantes sociais e econômicos de um **particular** modo de produção, se apresenta, tanto no nível estrutural, quanto no superestrutural, como mediadora da exploração e domínio de uma dada classe social sobre as demais, é tida, no âmbito da teoria administrativa, quer "geral", quer escolar, como tendo validade eterna e universal. [grifo do original]

Por trás dessa suposta universalidade, a ideologia capitalista esconde uma visão de mundo preconceituosa, na qual os capitalistas são vistos como portadores de qualidades superiores às do resto da população. Esse preconceito se expressa em diversas formas, desde as encíclicas sociais da Igreja Católica, nas quais se apresenta uma natureza superior de uma pequena elite de empresários, comerciantes, banqueiros e industriais[4], até obras da gestão capitalista, em que se arrola um conjunto de adjetivos pejorativos para caracterizar os trabalhadores. Enquanto os capitalistas seriam vistos como vencedores e esforçados, os trabalhadores seriam qualificados como preguiçosos e desonestos.

Nessa visão de mundo, a diferença de riqueza entre os integrantes de cada uma das classes sociais não seria resultado de um processo histórico de apropriação dos meios de produção e do resultado do trabalho dos trabalhadores pelos capitalistas, mas de ser portador ou não de qualidades superiores. A fonte dessa desigualdade social seria o fato de que, "como certos indivíduos nascem preguiçosos e ineficientes e outros ambiciosos e grosseiros, como há vício e crime, também sempre haverá pobreza, miséria e infelicidade" (Taylor, 1982, p. 43). Existiria, para o autor, de um lado pessoas dotadas de uma capacidade empreendedora e outras qualidades superiores e, de outro, apenas um amontoado de pessoas indolentes. Em outras palavras, imagina-se que:

> houve, outrora, mas há muito, muito tempo, um momento em que a sociedade se dividia em dois campos: de um lado, as pessoas de elite, trabalhadoras, inteligentes e, sobretudo, dotadas de hábitos de economia; do outro, um monte de malandros, num rega-bofe pegado de manhã à noite. Escusado será dizer que uns acumularam tesouros sobre tesouros, enquanto os outros em breve se viram despojados de tudo. Daí a pobreza da grande massa, que, a despeito de um trabalho sem fim nem tréguas, tem sempre que pagar com o corpo, e a riqueza de alguns, que colhem todos os frutos sem mexer uma palha. (Marx, 1974, p. 5)

---

4   A centralidade das premissas da ideologia capitalista nas encíclicas sociais da Igreja Católica remete ao aconselhamento dos trabalhadores para a sua pacificação, evitando realizar resistência contra a exploração. Segundo a encíclica *Rerum Novarum* (2002, p. 12), entre os deveres a serem cumpridos pelos trabalhadores, destacam-se: "deve fornecer integral e fielmente todo o trabalho a que se comprometeu por contrato livre e conforme à equidade; não deve lesar seu patrão, nem nos seus bens, nem na sua pessoa; as suas reivindicações devem ser isentas de violências, e nunca revestirem a forma de sedições; deve fugir dos homens perversos que, nos seus discursos artificiosos, lhe sugerem esperanças exageradas e lhe fazem grandes promessas, as quais só conduzem a estéreis pesares e à ruína das fortunas". Em outras palavras, os trabalhadores deveriam se comportar devidamente de acordo com as imposições da gestão capitalista e se afastar ao máximo das organizações classistas que se voltem para a defesa dos trabalhadores na luta contra os capitalistas. Sobre a relação da posição da Igreja Católica com a ideologia capitalista no início do capitalismo, ver: Hunt; Sherman, 1985.

Como demonstra Marx (1974, p. 6), diferentemente dessa fantasia disseminada, para legitimar o modo de produção capitalista de que a desigualdade social é resultado de capacidades inatas empreendedoras que distinguem as pessoas, "nos anais da história real, a conquista, a escravização, a rapina à mão armada, o reino da força bruta levaram sempre a melhor". Assim podemos afirmar que, diferentemente do que apregoa Taylor, não são as capacidades individuais e inatas que promovem as desigualdades sociais, mas o uso do poder, da violência e, em especial, o uso do trabalho dos outros. Com poucas exceções, é praticamente impossível, num modo de produção capitalista, que uma pessoa alcance um grande acúmulo de riqueza sem explorar, de forma direta ou indireta, o trabalho dos outros.

Como Taylor não baliza suas palavras por essa perspectiva de mundo que consegue apreender com segurança a essência da realidade[5], para ele não haveria razão de uma preocupação social com vistas a instaurar um modelo de sociedade em que existisse uma reciprocidade de ajuda entre as pessoas, pois cada uma deveria se comportar da maneira mais ambiciosa possível. Por isso, a ambição deveria ter prioridade em relação ao bem-estar social, pois "a ambição pessoal sempre tem sido, e continuará a ser, um incentivo consideravelmente mais poderoso do que o desejo do bem-estar geral[6]" (Taylor, 1982, p. 90-91).

No entanto, para o autor, mesmo que represente o incentivo mais poderoso para o ser humano, a ambição deve ser con-

---

5   No próximo capítulo abordaremos melhor as diferenças entre uma perspectiva de mundo que consiga desmistificar as ilusões e apreender a essência da realidade e uma análise que se restrinja a elementos secundários.

6   Fiódor Mikhailovich Dostoiévski (2007, p. 162) expressou bem essa visão de mundo individualista por meio de seus personagens: "– Resultou em que eu rasguei o cafetã ao meio, dividi-o com o próximo e ambos pela metade nus, seguindo o provérbio russo: 'Quando se caçam muitas lebres ao mesmo tempo não se pega nenhuma'. Já a ciência diz: ama acima de tudo a ti mesmo, porque tudo no mundo está fundado no interesse pessoal. Se amas apenas a ti mesmo, realizas os teus negócios de forma adequada e ficas com o cafetã inteiro. Já a verdade econômica acrescenta que quanto mais negócios privados organizados houver numa sociedade e, por assim dizer, cafetãs inteiros, tanto mais sólidos serão seus fundamentos e tanto mais organizada será a causa comum. Logo, ao adquirir única e exclusivamente para mim, precisamente dessa forma eu adquiro como que para todos e levo a que o próximo receba um cafetã um tanto mais rasgado porém não mais de favores privados isolados e sim como resultado do avanço geral".

tida, quando for apresentada ao trabalhador. Mesmo que não sejam todos os trabalhadores os culpados, ainda assim é necessária a escrita desse mandamento porque "alguns malandros que vadiam, mas dividem igualmente os lucros do trabalho com os outros, são capazes de arrastar os melhores trabalhadores a um baixo esforço igual ao seu" (Taylor, 1982, p. 91). Como não haveria malandros donos de empresas, não existiriam limites para a ambição do capitalista, mas, no caso do trabalhador, essa deveria ter uma porcentagem: "Quando, porém, eles recebem mais do que 60% além do salário, muitos deles trabalham irregularmente e tendem a ficar negligentes, extravagantes e dissipados. Por outras palavras, nossas experiências demonstraram que, para a maioria dos homens, não convém enriquecer depressa" (Taylor, 1982, p. 76).

Também Fayol apresentou sua contribuição à disseminação da ideologia capitalista quando exaltou as consequências morais que a ambição poderia gerar nas pessoas. Na verdade, para não exceder os limites do seu papel de representante do capital, o autor circunscreveu seus conselhos e não apresentou admoestações a todas as pessoas que se levam pela ambição, mas apenas aos trabalhadores. Por isso, ele defendia que apenas os trabalhadores não deveriam ter participação nos lucros da empresa. Vejamos como se estabelece sua cantilena.

Para introduzir a tese de que os trabalhadores não deveriam receber parte dos lucros da empresa, pois esta deveria ser restrita aos donos da empresa, chefes e gestores, Fayol faz uso de um fundamento de ideologia capitalista: o trabalhador não produz lucro. Para o autor, "à vista de todos os fatores que intervêm, a parte da atividade ou da habilidade mais ou menos grande de um operário sobre o resultado final de uma grande empresa é impossível fixar: ela é aliás, bem insignificante" (Fayol, 1970, p. 51). Como, para ele, o trabalhador seria responsável por partes **bem insignificantes** do lucro gerado na empresa, ele não deveria receber nenhum dividendo e, além disso, não deveria ter mesmo nenhum interesse sobre isso. Por isso, ele afirma que "o operário não tem, pois nenhum interesse em ser remunerado mediante uma participação nos lucros proporcional à ação que ele exerce sobre esses lucros" (Fayol, 1970, p. 51). Em síntese, para Fayol, aos trabalhadores não cabe nenhuma parte dos lucros porque eles tiveram uma contribuição quase nula, ou até nula, na produção da empresa. A maior evidência desse fato é que, quando perguntados, os trabalhadores mais experientes afirmam que sequer se interessam por essa disputa.

Para afastar análises equivocadas, é preciso ressaltar que não afirmamos que a participação nos lucros das empresas representa uma atitude progressista dos gestores, mas, antes, que todo o lucro gerado deriva de uma única fonte: do trabalho. Como ocorre em algumas empresas atualmente, a participação nos lucros apresenta, em síntese, dois sentidos precisos na motivação do trabalhador a uma maior produtividade e exploração do trabalho: esquiva a apreensão direta da sua remuneração e adestra sua subjetividade, fazendo-o se sentir mais valorizado. Se o lucro fosse proporcional à participação que o trabalhador exerce, não sobraria nada para os demais integrantes da empresa. Se apreendesse essa realidade, o autor deveria dizer que o operário não tem nenhum interesse em ser explorado pelo empresário e, por isso, gerar o lucro para outra pessoa. Mas se existe lucro, não se trata de interesse ou não, mas de direito que seja dele, visto que foi ele quem o produziu.

Uma questão, porém, Fayol não se preocupou em responder: se não é o trabalhador quem produz o lucro, de onde provém? Seria, por acaso, da atividade dos gestores ou, talvez, da eficiência dos capitalistas[7]? Mas, sendo assim, como seria possível produzir lucro através da venda de alguma mercadoria se não existe trabalhador para produzi-la? Como é possível gerar mais valor sem o trabalho que transforma as matérias-primas e os insumos em novos produtos? Pelo visto, apesar da dedica-

---

7   Essa visão que o lucro poderia provir de atividades da gestão representa uma forma obtusa de mistificação da realidade que, mesmo assim, é bem comum em escolas econômicas representantes da ideologia capitalista: "O enfoque neoclássico é o caso mais extremo de fetichismo tecnológico. O capital é apresentado como um 'fator' da 'função de produção', medido através da taxa de juros ou da taxa de recâmbio. Assume uma dimensão separada do 'fator trabalho', como se a mais-valia e sua capitalização não constituíssem dois elementos de uma mesma relação. O capital é assimilado a certas funções – gerenciais, administrativas, inovadoras – ocultando que seu fundamento é a propriedade. Justifica-se o lucro como remuneração à última unidade produzida, sem esclarecer de onde se originou a dotação inicial de capital, que permitia sua acumulação mediante estas retribuições marginais" (Katz, 1996, p. 411).

ção às pesquisas no campo da gestão, como Fayol determinava sua análise a partir de pressupostos da ideologia capitalista, suas contribuições não apontaram para uma análise correta da estrutura da empresa capitalista. É somente assim que ele pode rogar pela repartição dos lucros apenas com os gestores:

> Não resta dúvida de que os chefes não têm necessidade de um estímulo pecuniário para cumprir todo o seu dever; mas eles não são indiferentes às satisfações materiais e é preciso admitir que a esperança de um benefício suplementar pode aumentar-lhes o zelo. Quando possível, deve-se proporcionar também aos agentes de situação média uma participação nos lucros. (Fayol, 1970, p. 51)

Para o autor, mesmo que os chefes das empresas sejam portadores de qualidades superiores e, por isso, não precisem de censura contra a ambição, eles deveriam receber parte dos lucros. A situação é, portanto, no mínimo curiosa ou cômica, pois aqueles que menos precisariam de estímulos de remuneração são os que deveriam ganhar mais. Mas, apesar do caráter questionável dessa assertiva, ela ainda permanece implícita na ideologia capitalista, quando se exalta que os pobres necessitam de menos riqueza porque são menos sensíveis, e os ricos precisam de mais mercadorias porque integram um processo mais complexo de felicidade. Trocando em miúdos, o trabalhador não precisa de uma melhor remuneração porque se satisfaz com pouco.

3.1 O trabalhador e a gestão capitalista

Para complementar a tese de que o trabalhador não precisa de recursos iguais aos integrantes das classes dominantes, a ideologia capitalista agrega outro preconceito: que a maioria dos trabalhadores é dotada de uma capacidade intelectiva extremamente limitada, ou seja, que são imbecilizados. Esse recurso fica explícito no trato que Taylor deu aos seus subordinados, pois, segundo ele mesmo adverte, uma das qualidades principais que conduzia a aceitação do trabalhador na empresa que ele gerenciava era a imbecilidade, visto que "um dos primeiros requisitos para um indivíduo que queira carregar lingotes como ocupação regular é ser tão estúpido e fleumático que mais se assemelhe em sua constituição mental a um boi" (Taylor, 1982, p. 66).

Com base na escolha das formas de adestramento dos trabalhadores, na sua suposta qualidade natural e eterna de imbecilidade, Taylor expunha um comportamento rude contra seus comandados. Como ele mesmo assume, o serviço que é imposto aos seus empregados "é tão grosseiro e rudimentar por natureza que o autor acredita ser possível treinar um gorila inteligente e torná-lo mais eficiente que um homem no carregamento de barras de ferro[8]" (Taylor, 1982, p. 52). Assemelhando o trabalhador a um animal, seja um boi, seja um gorila, Taylor (p. 55-56) executa da seguinte maneira seu adestramento:

> O nosso problema, então, se limitava em conseguir de Schmidt o carregamento de 47 toneladas de barras de ferro por dia e que ele fizesse esse trabalho com satisfação. Procedemos da seguinte forma: Schmidt foi chamado à parte e falamos-lhe mais ou menos deste modo:
> – Schmidt, você é um operário classificado[9]?
> – Não sei bem o que o senhor quer dizer.
> – Desejo saber se você é ou não um operário classificado.
> – Ainda não entendi.
> – Venha cá. Você vai responder às minhas perguntas. Quero saber se você é um operário classificado, ou um desses pobres diabos que andam por aí. Quero saber se você deseja ganhar $1,85 dólares por dia, ou se está satisfeito com $1,15 dólares que estão ganhando todos esses tontos aí.
> – Se quero ganhar $1,85 dólares por dia? Isto é que quer dizer um operário classificado? Então, sou um operário classificado.
> – Ora, você me irrita. Naturalmente que deseja ganhar $1,85 por dia; todos o desejam. Você sabe perfeitamente que isso não é bastante para fazer um operário classificado. Por favor, procure responder às minhas perguntas e não me faça perder tempo. Venha comigo. Vê esta pilha de barras de ferro?
> – Sim.

---

8 É comum nas suas obras que, ao tratar das suas experiências e posições, Taylor utilize a expressão *o autor* para referir-se a si próprio.

9 Na tradução contida em Braverman (1987, p. 97), em vez de "operário classificado" consta "homem valioso", o que, na postura de Taylor, faz muito mais sentido, tendo em vista seu constante apelo a posições valorativas ou moralistas, com o objetivo de adestrar melhor o trabalhador.

— Vê este vagão?
— Sim.
— Muito bem. Se você é um operário classificado, carregará todas estas barras para o vagão, amanhã, por $1,85 dólares. Agora, então, pense e responda à minha pergunta. Diga-se se é ou não um operário classificado.
— Bem, vou ganhar $1,85 dólares para pôr todas estas barras de ferro no vagão, amanhã?
— Sim, naturalmente, você receberá $1,85 dólares para carregar uma pilha, como esta, todos os dias, durante um ano todo. Isto é o que é um operário classificado e você sabe tão bem como eu.
— Bem, tudo entendido. Devo carregar as barras para o vagão, amanhã, por $1,85 dólares e nos dias seguintes, não é assim?
— Isto mesmo.
— Assim, então sou um operário classificado.
— Devagar. Você sabe, tão bem quanto eu, que um operário classificado deve fazer exatamente o que se lhe disser desde manhã à noite. Conhece você aquele homem ali?
— Não, nunca o vi.
— Bem, se você é um operário classificado deve fazer exatamente o que este homem lhe mandar, de manhã a noite. Quando ele disser para levantar a barra e andar, você se levanta e anda, e quando ele mandar sentar, você senta e descansa. Você procederá assim durante o dia todo. E, mais ainda, sem reclamações. Um operário classificado faz justamente o que se lhe manda e não reclama. Entendeu? Quando este homem mandar você andar, você anda; quando disser que se sente, você deverá sentar-se e não fazer qualquer observação. Finalmente, você vem trabalhar aqui amanhã e saberá, antes de anoitecer, se é verdadeiramente um operário classificado ou não.

Além de externar a visão negativa que Taylor tinha dos trabalhadores, esse exemplo demonstra concretamente o uso de vários princípios da gestão capitalista praticados em várias empresas. Entre esses princípios, podemos identificar a manipulação do trabalhador para que não se vincule à sua classe, seja por meio da conversa pessoal ou por estímulos de superioridade contra os trabalhadores, estimulando o individualismo; a ampliação desproporcional da produtividade e do lucro em relação ao salário do trabalhador, uma vez que, com o aumento alcançado, o salário aumentou muito pouco em relação ao lucro do capitalista; a produtividade como forma de combate à classe trabalhadora, visto que, quanto mais os trabalhadores produzem individualmente, menos trabalhadores serão necessários à empresa; o adestramento do trabalhador, impondo o pensamento de que o empregado ideal é aquele que aceita e cumpre as ordens do superior sem questioná-las; a centralização da concepção e do planejamento nos cargos de chefia, deixando o trabalhador sem nenhum conhecimento do processo de trabalho, servindo apenas para cumprir os mandos.

O resultado final do adestramento do trabalhador gerado nessa experiência foi que, ao passo que conseguiu cumprir suas ordens e transportar as 47½ toneladas de ferro, teve o salário aumentado de $ 1,15 para $ 1,85 dólares por dia. Durante todo o tempo "praticamente nunca falhou, trabalhando neste ritmo e fazendo a tarefa que lhe foi determinada" e, por isso, "ele recebeu salários 60% mais elevados do que eram pagos a outros homens que não trabalhavam no sistema da tarefa" (Taylor, 1982, p. 57).

O que Taylor não informou foi o fato de que, como o transporte de ferro passou de 12½ para 47½ toneladas por dia e o pagamento de $ 1,15 para $ 1,85 dólares por dia, mesmo que a produtividade do trabalhador tenha sido ampliada em cerca de 280%, o seu salário teve aumento de apenas 60 %. Além disso, não expôs o simples cálculo de que, caso o salário fosse ampliado da mesma forma que a produtividade, o trabalhador deveria receber ao menos $ 4,37 por dia e que a economia de salários e de trabalhadores foi de 220%. Assim, com a instauração dessa nova forma de controle e organização do trabalho, o novo patamar de produtividade permite que o capitalista possa se livrar de ao menos dois trabalhadores. Taylor esqueceu de externar que, mesmo sendo um trabalhador imbecilizado, ele conseguiu quadruplicar a produtividade e dobrar o lucro do capitalista.

Na verdade, os cálculos que Taylor expõe nos seus livros são bem complicados de entender, visto que, se de um lado ele afirmou que sempre buscou ampliar os salários dos operários de maneira proporcional ao seu rendimento, por outro, como vimos no exemplo anterior, essa não foi a regra praticada. O autor afirmava que: "neste sistema, o salário de cada operário era aumentado proporcionalmente ao rendimento e também ainda ao perfeito acabamento do serviço" (Taylor, 1982, p. 89-90), quando, de fato, ocorria uma conduta diferenciada:

Quatro a cinco peças eram feitas, diariamente, sendo pagas à razão de $ 0,50 por unidade. Depois de analisado o trabalho, verificou ser possível a produção individual de 10 peças por dia. Em lugar então de pagamento igual por peça, como anteriormente, o operário recebia $ 0,35 por peça, se fizesse 10 por dia, e somente $ 0,25, se produzisse menos de 10. Assim, os que cumpriam toda a tarefa diária percebiam $ 3,50 e se não chegasse a realizá-la, sempre menos de $ 2,50. Durante dez anos, os operários que alcançaram a produção de 10 peças conservaram o rendimento neste nível. (Taylor, 1982, p. 89)

De forma análoga aos cálculos econômicos realizados para reajustar o salário dos seus subordinados, os pressupostos utilizados para planejar a organização do trabalho também apresentavam posições paradoxais. Taylor fazia questão de ressaltar que, ao planejar as atividades, sempre fundamentava suas decisões na integridade dos trabalhadores, pois não desejava que essas tarefas prejudicassem sua saúde ou felicidade, como fica explícito no seu depoimento: "estas tarefas são cuidadosamente planejadas, de modo que sua execução seja boa e correta, mas que não obrigue o trabalhador a esforço algum que lhe prejudique a saúde", para tanto, "a tarefa é sempre regulada, de sorte que o homem, adaptado a ela, seja capaz de trabalhar durante muitos anos, feliz e próspero, sem sentir os prejuízos da fadiga" (Taylor, 1982, p. 51).

No entanto, apesar do discurso voltado para a preocupação dos trabalhadores, a realidade da gestão capitalista praticada por ele explicitava uma realidade bastante diferente. Quando analisamos o exemplo dos transportadores de ferro, como o caso de Schmidt transcrito anteriormente, constata-se imediatamente que o planejamento das atividades não tem por base a qualidade de vida dos trabalhadores, mas a busca incessante de produtividade e lucratividade. Como o próprio autor admite, as metas e os ritmos do processo de trabalho foram baseados em condições impossíveis de serem atendidas: "em face da seleção científica do trabalhador, dos 75 carregadores de barras de ferro, só aproximadamente 1 em 8 era capaz fisicamente de carregar 47½ toneladas por dia" e, mesmo "com a melhor das intenções, os outros 7 eram homens fisicamente inaptos para trabalho nesse ritmo" (Taylor, 1982, p. 68). Com base nas palavras do autor, podemos dizer que planejamento capitalista das atividades deve destinar-se à imposição da maior carga possível que o "boi" ou o "gorila" adestrado possa carregar, mesmo que isso gere problemas sérios de saúde.

Para o autor, o trabalhador ideal seria aquele que produz de forma comportada um ótimo dia de trabalho, mas, como vimos, o problema gira exatamente "em torno do conteúdo de um dia de força de trabalho, que Taylor define na expressão 'um ótimo dia de trabalho'" (Braverman, 1987, p. 91). Isso ocorre porque, além do fato de que, se no seu discurso, ele deu a essa expressão "uma interpretação cruamente fisiológica: todo o trabalho que um operário pode fazer sem dano à sua saúde, em um ritmo que pode ser mantido através da vida de trabalho", o que se observou na prática, era que "ele tendia a definir este nível de atividade em um limite extremo, escolhendo um ritmo que apenas alguns podiam manter, e mesmo assim sob força" (Braverman, 1987, p. 91).

Não obstante, para não transparecer essa constatação, para retirar a responsabilidade da gestão capitalista pelos danos causados nos trabalhadores obrigados a acompanhar atividades que colocam em risco sua segurança, ergue-se uma carapuça ideológica que objetiva isentar a classe dominante dos problemas sociais, culpando os trabalhadores pelos impactos negativos do processo de trabalho. Assim, não seriam as imposições da gestão capitalista que obrigariam o trabalhador a se submeter a condições precárias de trabalho, degradando sua saúde física e mental, mas a fonte dessas consequências proviria da própria incapacidade do trabalhador. Sua falta de inteligência e sua preguiça natural seriam as qualidades inatas que levariam, inevitavelmente, os trabalhadores à sua própria desgraça. A ideologia capitalista apresenta, portanto, seu arremate quando o trabalhador, não conseguindo atender a essas imposições de trabalho, é tratado como preguiçoso ou fleumático.

No Brasil, por exemplo, existe uma miríade de preconceitos contra o trabalhador, desde a alcunha de ter pouca disposição física, passando pela suposta incapacidade técnica ou de qualificação, até a de ser desprovido de capacidade intelectiva ou cognitiva. Ou seja, não apenas para os empresários como para os ideólogos e os meios de comunicação que defendem a classe capitalista, o trabalhador brasileiro é uma amálgama de três qualidades principais: preguiça, desqualificação e imbecilidade.

Diante dessa total falta de comprometimento com a realidade, dois fatos são curiosos de se notar: primeiro é a própria contradição desses preconceitos, uma vez que estes consubstanciam o caráter dos trabalhadores brasileiros, mas não serve para os empresários, mesmo que estes estejam inseridos no mesmo contexto social e cultural; e, por outro lado, é notória a capacidade de adaptação e criatividade do trabalhador brasileiro quando consertam, reutilizam e fornecem um novo destino às várias máquinas e equipamentos obsoletos advindos de empresas estrangeiras que não têm mais uso nas suas matrizes.

Na verdade, a disseminação destes e de vários outros preconceitos contra o trabalhador tem apenas uma função: legitimar o modo de produção capitalista nas suas mais cruéis contradições sociais. O capitalista precisa aparecer não somente como mais importante, mas como mais culto e dotado de qualidades e valores elevados, visto que, sem essas qualidades, seria menos ilusória sua função social de exploração dos trabalhadores. A propaganda de valores mais nobres serve, portanto, para esconder a desumanidade da função social exercida pelos capitalistas de todos os tipos. Da mesma forma, o próprio termo da nobreza representa um conjunto de pessoas que, durante toda a vida, mantiveram-se por meio da apropriação da riqueza produzida por outras pessoas.

Conforme analisa Braverman, no exemplo citado por Taylor sobre as formas de adestramento do trabalhador utilizadas no transporte de ferro, existe uma contradição que nega imediatamente a visão apresentada sobre Schmidt. Apesar de Taylor conjecturar sobre a imbecilidade de Schmidt, além de ter sido um trabalhador que se destacou pela sua produtividade, também era preciso enfatizar outras qualidades que possuía:

> Devemos também notar que, embora Taylor chamasse Schmidt "um homem do tipo do boi", e que a imbecilidade de Schmidt se tenha tornado parte do folclore da sociologia industrial, o próprio Taylor informava que Schmidt estava construindo sua própria casa, presumivelmente sem ninguém a lhe dizer quando ficasse de pé ou sentasse. Mas a crença na imbecilidade original do trabalhador é uma

necessidade para a gerência; do contrário, ela teria que admitir que está comprometida numa grande empresa de premiar e açular a imbecilidade. (Braverman, 1987, p. 100)

O problema é que exemplos como estes não são incomuns nem escusos, mas, de maneira direta ou indireta, expressam a visão de mundo contida em grande parte das obras de gestão capitalista. O trabalhador ideal apresentado na gestão capitalista é aquele que aceita as ordens sem questionar e as cumpre da melhor maneira possível. Pode até se pronunciar, mas desde que seja para aprimorar o processo de extração de mais-valia. Essa é a regra básica para a participação do trabalhador na gestão capitalista:

> É verdade que na administração científica não é permitido ao operário usar qualquer instrumento e método que acredite ser o aconselhado na prática diária de seu trabalho. Todo o estímulo, contudo, deve ser dado a ele, para sugerir aperfeiçoamento, quer em métodos, quer em ferramentas. E sempre que um operário propõe um melhoramento, a política dos administradores consistirá em fazer análise cuidadosa do novo método e, se necessário, empreender experiência para determinar o mérito da nova sugestão, relativamente ao antigo processo padronizado. E quando o melhoramento novo for achado sensivelmente superior ao velho, será adotado como modelo em todo o estabelecimento. Conferir-se-á honra ao trabalhador por sua ideia e ser-lhe-á pago prêmio como recompensa. (Taylor, 1982, p. 116)

Mesmo que exposto como um "gorila adestrado", ou um "homem boi", quando se trata de promover formas mais avançadas de exploração do trabalho, o trabalhador pode exercer sua inteligência. Essa passagem é expressiva para demonstrar que Taylor não restringia suas análises aos aspectos meramente econômicos, mas também já desenvolvia técnicas elevadas de apropriação da subjetividade do trabalhador pelo capital. Método semelhante é utilizado em organizações baseadas no toyotismo como uma forma de trazer o trabalhador para reuniões com os representantes dos capitalistas, nas quais os empregados fornecem sugestões aos empregadores para que estes possam lhe explorar melhor. Nesse sentido, não apenas se busca novas técnicas para incremento da produtividade e da lucratividade, como se minimiza a resistência dos trabalhadores, trazendo-os para a ideologia capitalista, por meio da participação ou pela interiorização da perspectiva de harmonia social. São, portanto, novas técnicas para o velho problema exposto por Taylor: minimizar o antagonismo entre trabalhadores e capitalistas, forçando uma harmonia entre eles. O papel de Taylor foi o de representar o capital perante os trabalhadores na empresa, como ocorre com qualquer outro emissário da gestão capitalista.

Por não enxergar o trabalhador como uma pessoa, mas como uma máquina ou equipamento, o enfoque promovido, mesmo que se volte para o trabalhador (como algumas escolas abordadas no capítulo anterior), não se baseia nas suas necessidades e interesses. Como já afirmamos, os sentimentos dos trabalhadores apenas são estudados para encontrar formas mais avançadas de lucro e, assim, todas as necessidades que não se voltem para uma maior lucratividade devem ser combatidas ou ao menos atenuadas. Essa é a base para o modelo de trabalhadores: "de modo geral, elas [as empresas] têm procurado um modelo de trabalhadores e grupos de trabalho que produzam os resultados desejados pela gerência: habituação às condições do emprego oferecido na firma capitalista e desempenho satisfatório naquela base" (Braverman, 1987, p. 127).

Uma das principais qualidades inscritas nesse modelo ideal de trabalhador é a negação da resistência contra as determinações da gestão capitalista. Aos trabalhadores roga-se que não sejam resistentes contra os processos de trabalho impostos, mesmo que estes promovam danos físicos ou mentais. O teste de confiabilidade para com a empresa ocorre por esta escala: quanto menos o trabalhador resiste e reclama, mais ele terá chances de melhores rendimentos. Caso alguns trabalhadores não se insiram nessa categoria e, ao sofrer diretamente os impactos da precariedade do trabalho procurem as devidas compensações, a lição da gestão capitalista é que, se o lucro for maior que as multas a serem pagas pelos danos físicos e mentais, serão mantidas as mesmas condições de trabalho.

Como demonstra Palmeira Sobrinho (2008, p. 169), nas fronteiras da empresa capitalista, as análises são feitas sob a rubrica da lucratividade, pela subtração entre despesas e receitas, até mesmo os danos físicos e morais dos trabalhadores. Se, no final dos cálculos, identifica-se que é mais rentável pagar uma multa ou indenização do que o cumprimento de normas de segurança trabalhista, mesmo que isso leve à invalidez de um trabalhador para o resto da vida, esta será a regra determinante:

> Para o empregador, o cumprimento da legislação é algo calculado conforme a lógica de reprodução da relação capitalista. Nesse sentido, o risco pode compensar a flexibilidade na forma de admissão do trabalhador e na execução do contrato de trabalho. [...] O risco é calculado, uma vez que no custo dessa produção está cogitada a possibilidade de o empregador vir a responder pelas infrações que comete. [...] Multas decorrentes das atuações [sic] fiscais costumam ser aplicadas quando o próprio empregado toma a iniciativa de reclamar diretamente à DRT ou à Justiça do Trabalho. A multa por si não inibe essa prática patronal, mesmo porque a simples infração não implica para o empregador a inviabilidade do negócio. A legislação permite ao infrator pagar a multa no prazo de dez dias (com 50% de desconto) ou recorrer, tanto administrativamente quanto judicialmente. (Palmeira Sobrinho, 2008, p. 169)

Aos trabalhadores que lutarem contra essas determinações do capital destinam-se não apenas penalidades internas na empresa, mas a arregimentação de toda a força social disponível, ainda que a correlação de forças seja a mais desigual possível. Mesmo que o contexto brasileiro atual esteja amplamente desfavorável aos trabalhadores na luta contra as imposições da classe capitalista, sua organização permanece apresentando empecilhos a uma maior lucratividade. Nesse sentido, qualquer tentativa de resistência dos trabalhadores contra o aumento da exploração precisa ser combatida pelos representantes da ideologia capitalista.

Um exemplo recente desse método foi o ocorrido no Vale do Paraíba em 2008, onde uma fábrica da GM decidiu transferir cerca de 1.500 empregos para outra cidade, uma vez que os trabalhadores não aceitaram o aumento da exploração. Diante desse fato, as entidades patronais da cidade se organizaram para combater a organização dos trabalhadores. Além das penalidades dentro da empresa capitalista, os trabalhadores que resistiram às imposições de elevação da exploração e precarização do trabalho da GM sofreram autuação de outras forças sociais. Aborrecidos com esse comportamento radical, "vereadores, prefeitura, entidades empresariais de São José dos Campos criaram um grupo que trabalha para combater a influência do Sindicato dos Metalúrgicos e garantir que a cidade não seja excluída de futuros investimentos da montadora" (Amato, 2008).

Entre as qualidades modelares de trabalhador presente na gestão capitalista, deve-se incluir docilidade e domesticação. Somando-se todas, podemos identificar um "tipo ideal" de trabalhador, que se dedica integralmente às ordens superiores, apresentando "iniciativa, equilíbrio, acessibilidade, raciocínio ágil e, sobretudo, responsabilidade para com os compromissos da empresa, entre outros aspectos que vêm se conformando dentro do ambiente de trabalho" (Pinto, 2007, p. 96). Os trabalhadores que se comportavam melhor, não participando de greves e nem atingindo um número significante de faltas eram bonificados no final do mês pelos gestores: "a obtenção do prêmio fica subordinada a certas condições, como, por exemplo, não ter havido greves durante o ano ou não terem as faltas do serviço ultrapassado determinado número de dias" (Fayol, 1970, p. 49).

Como vimos no capítulo anterior, não obstante os avanços na gestão ao longo dos mais de dois séculos de existência, esta permanece fiel aos fundamentos da ideologia capitalista. Ainda que tenha inovado em algumas questões centrais[10], a base estrutural não sofre nenhum estremecimento, e o objetivo de controle sobre o trabalhador em busca de maior exploração e domínio continua inabalável. As alterações não passam, destarte, de adereços ao controle sobre a força de trabalho:

> Embora com matizes variados, que servem para encobrir suas reais dimensões e visam a atender às necessidades de justificação ideológica do momento, a gerência enquanto controle do trabalho alheio, através da apropriação do saber e do cerceamento da vontade do

---

10 Para Braverman (1987, p. 43), essas inovações representam muito mais variações de estilo do que consubstanciam uma mudança nos parâmetros da gestão capitalista: "Elas representam um estilo de administração mais que uma autêntica alteração na situação do trabalhador. São caracterizadas por uma estudada pretensão de 'participação' do trabalhador, uma graciosa liberalidade ao permitir ao trabalhador um ajustamento da máquina, a troca de uma lâmpada, mudar de uma função fracionada a outra e ter a ilusão de tomar decisões ao escolher entre alternativas fixas e limitadas, projetadas pela administração, que deliberadamente deixa coisas insignificantes para escolha".

trabalhador, encontra-se permanentemente presente na teoria e na prática da administração em nossa sociedade, perpassando as diferentes "escolas" e "correntes" da administração, neste século. (Paro, 1988, p. 65)

Mesmo que seus representantes se intitulem como criadores de formas inovadoras que aboliram as características provenientes da sua primeira fase, nenhuma experiência da gestão capitalista comprova que suas determinações fundamentais foram superadas, da mesma forma que, no começo do capitalismo, a gestão capitalista atual se baseava nos mesmos princípios expostos por Taylor. Além das alterações laterais, existe um ingrediente que é destacado: a alteração semântica com a manutenção das formas de exploração e dominação advindas da gerência científica. Esse é o caso, por exemplo, de experiências que se estabelecem por práticas de flexibilização, nas quais "a informatização 'pós-taylorista' preserva a rotina opressiva para a maior parte da força de trabalho, pois aguça o reforçamento – ou recuperação – do controle patronal sobre o processo de trabalho" e, portanto, "as novas tecnologias da informação são aplicadas 'flexibilizando' as conquistas trabalhistas em todo o mundo" (Katz, 1996, p. 409).

Com base em todas essas evidências, podemos concluir com segurança que a gestão capitalista aceita de forma incondicional as determinações do sistema capitalista, fornecendo-lhe ao mesmo tempo uma tintura de eternidade e de modernidade. Os fundamentos do modo de produção capitalista são passados como intransponíveis, mas, simultaneamente, maquiados constantemente para se apresentarem como inovações. A exploração e o controle de uma classe social por outra permanece, sendo a base tanto do modo de produção como da gestão capitalista. Diante dessa realidade, é inequívoca a seguinte afirmação: "faltam-lhe as características de uma verdadeira ciência porque suas pressuposições refletem nada mais que a perspectiva do capitalismo com respeito às condições da produção" (Braverman, 1987, p. 82-83). Pelas determinações que integram sua essência, a gestão capitalista "entra na oficina não como representante da ciência, mas como representante de uma caricatura de gerência nas armadilhas da ciência" (Braverman, 1987, p. 83).

É a reprodução automática das determinações do modo de produção capitalista que fazem da gestão um campo de estudos com raros momentos de reflexão e autonomia de pensamento. Por isso, identifica-se muito mais com um conjunto de técnicas e ferramentas a serviço de uma classe contra outra classe do que com um campo de estudos independente. Em uma linha: não se trata de uma ciência crítica, mas de recursos ideológicos a serviço da classe capitalista.

Atividades

1. Por que é importante para a gestão capitalista apresentar a empresa como uma entidade de interesses universais e harmônicos?

2. De que forma os teóricos da gestão capitalista concebem a natureza humana do trabalhador?

3. "Não se trata, portanto, de escolha individual, mas de uma determinação que lhe é imposta de forma superior". Analise a autonomia do gestor na empresa capitalista.

4. Qual o tipo de trabalhador ideal que Taylor procurava?

5. Na sua opinião, a gestão capitalista se aproxima mais de uma ciência com autonomia crítica ou representa um conjunto de ferramentas a serviço de uma classe social? Fundamente sua resposta.

Indicações culturais

O GRANDE chefe. Direção: Lars Von Trier. Produção: Meta Louise Foldager, Signe Jensen e Vibeke Windelov. Dinamarca: IFC Films/California Filmes, 2006. 99 min.

O filme demonstra, de maneira cômica, a utilização de subterfúgios pelo chefe da empresa para melhor controlar os trabalhadores, sem que sua imagem se torne negativa.

THE CORPORATION. Direção: Mark Achbar e Jennifer Abbott. Produção: Mark Achbar e Bart Simpson. Canadá: Zeitgeist Films, 2003. 165 min.

Trata-se de um documentário que integra várias entrevistas, pesquisas e relatos de analistas, funcionários e empresários de grandes corporações capitalistas, demonstrando o poder e a lógica que envolvem essas organizações.

MONSIEUR Verdoux. Direção: Charles Chaplin. Produção: Charles Chaplin. EUA: United Artists, 1947. 124 min.

O filme retrata o caso de um funcionário de banco que, ao ficar desempregado, busca outras formas de conseguir recursos financeiros em uma sociedade capitalista, na qual a vida das pessoas passa a ser vista também como uma mercadoria.

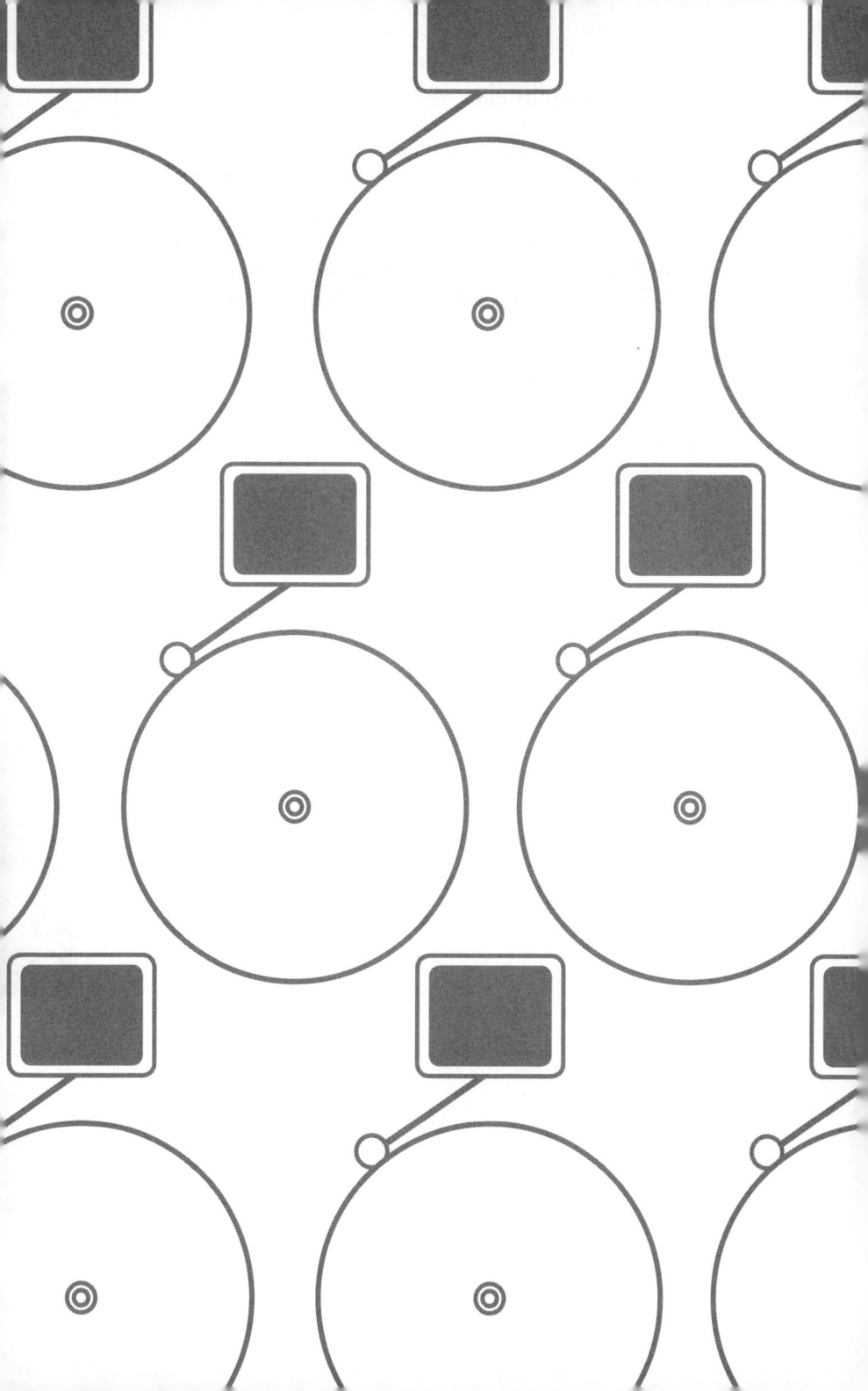

4 A gestão a partir das determinações sociais

No início deste livro, afirmamos que a gestão e a organização do trabalho não representam um conjunto de técnicas e ferramentas estabelecidas de forma independente ou abstrata, mas que constituem um resultado mediado pelas tendências e contratendências do contexto social em que estão inseridas. Por isso, para entender suas características fundamentais, não objetivamos sua descrição por meio de construtos ideais[1], mas procuramos expor algumas das influências diretas derivadas da forma histórica com que a sociedade se organiza para produzir as condições materiais de sobrevivência. Nesse sentido, apresentamos as principais características de gestão e organização do trabalho a partir das determinações sociais que influenciaram sua criação e manutenção.

Como todo resultado da ação humana, a gestão tem seu caminho guiado pelas necessidades que se apresentam na realidade e, em uma sociedade dividida em classes sociais, as possibilidades para o atendimento dessas necessidades são controladas pela classe social que detém o poder político e econômico. Assim, dependendo do interesse da classe dominante, nem sempre

---

[1] Isso ocorre também em relação aos avanços tecnológicos, pois estes não são resultados de pessoas criativas e dedicadas que decidem suas escolhas de forma independente, sem considerar a influência social, como se existisse um ciclo virtuoso e ideal que contém apenas duas variáveis: a mentalidade dos pesquisadores e suas descobertas. "A mudança tecnológica não é um *deus ex machina*. Depende das leis de valorização do capital e, portanto, das condições que impulsionam o ascenso e o descenso da taxa de lucro a longo prazo" (Katz, 1996, p. 403). Ou seja, a mudança tecnológica não deriva de mecanismos externos, mas remete às implicações da totalidade social em que está inserida.

será incentivada a criação de possibilidades para atender às necessidades da maioria das pessoas, podendo-se privilegiar aquelas que sejam restritas a poucas pessoas. Como vimos, esta é a realidade da gestão capitalista: a maioria dos seus atributos não se volta para o atendimento de uma necessidade geral, mas, por ser conduzida pela classe capitalista, volta-se para a realização do interesse de um grupo restrito de pessoas.

No entanto, não podemos afirmar que a gestão capitalista, em todos os seus detalhes, não apresenta nenhuma qualidade que possa servir ao atendimento de uma necessidade geral. O desenvolvimento da gestão capitalista ensejou um processo ampliado de inovação de técnicas, ferramentas, equipamentos e máquinas que ampliaram muito a produtividade, mesmo que os frutos desse processo tenham ficado restritos a poucas pessoas. Perpassados pelas determinações do modo de produção capitalista, os avanços da gestão e da organização do trabalho apontam para a contradição nuclear desse sistema social: apesar de representar um resultado do trabalho social, não podem generalizar seus avanços para todas as pessoas, visto que, mesmo que os avanços tecnológicos só aconteçam porque se fez necessária a participação de um conjunto elevado de trabalhadores, gestores e cientistas, o destino geral de seu resultado é determinado pela classe capitalista. Por isso, o potencial social dos avanços provenientes da gestão e da organização do trabalho não podem, dentro do sistema capitalista, ser efetivados plenamente.

Como também afirmamos anteriormente, a adoção dessa regra não é uma opção individual, uma vez que, para se manter no mercado, a empresa capitalista deve fomentar constantemente novas formas de produção e exploração de mais-valia. A acumulação ampliada do capital não é uma escolha do capitalista individualmente ou de um grupo de acionistas, mas é um imperativo social do sistema vigente.

Com base na apreensão dessas evidências concretas, podemos desmistificar as seguintes palavras de Taylor (1982, p. 128), ao afirmar que a gestão capitalista "significa aumento de prosperidade e diminuição de pobreza, não somente para os trabalhadores, mas para toda a comunidade". Ao expressar suas ideias, o autor desconsidera uma comprovação histórica: que essa tese possui uma validade temporal precisa, pois, apesar de ser verdadeira em sociedades de escassez, no atual sistema social, a produtividade serve, inversamente, para aumentar o desemprego e a pobreza. No capitalismo, não existe uma relação de complementaridade entre maior produção e diminuição da pobreza.

No capitalismo, um exemplo de que a produtividade não representa diretamente a diminuição da pobreza é que, com o aumento da produtividade e a saturação do mercado para além das suas possibilidades de compra, alguns empresários, ao terem o preço de suas mercadorias reduzido, preferem jogar fora a produção em vez de obter lucros inferiores. A destruição de mercadorias serve, nesse caso, para diminuir a oferta e possibilitar margens de aumento do preço, proporcionando maiores lucros. O desperdício e a ampliação da pobreza são usados, portanto, para aumentar o lucro. Conforme explicou o socialista francês François Marie Charles Fourier, há aproximadamente dois séculos, como o motor da produção no capitalismo é a busca pelo lucro, "na civilização, **a pobreza brota da própria abundância**" (Fourier, citado por Engels, 1980b, p. 310, grifo do original).

Quando falamos em avanços tecnológicos, imediatamente reportamos o pensamento à figura de cientistas enfurnados em laboratórios, desprezando a relação de dependência que eles possuem com as outras pessoas que completam a sociedade. Isso acontece porque a ideologia capitalista dissemina a imagem de que os cientistas trabalham de maneira independente, sem precisar da ajuda dos outros, quando, na verdade, suas conquistas apenas ocorrem porque lhes são fornecidas as condições materiais para sobreviver e pesquisar.

> A ideologia burguesa nos faz lembrar, constantemente, dos grandes vultos da ciência como principais responsáveis pelas invenções e descobertas científicas que realizaram. Não é, entretanto, a eles que devemos nosso principal tributo, mas aos muitos trabalhadores que, antes e durante a vida de tais vultos, tiveram de arcar com o trabalho pesado, livrando-os desse fardo, para que pudessem dedicar seu tempo à ciência e ao saber. (Paro, 1988, p. 117)

Como analisado no capítulo anterior, imagens que descartam a importância dos trabalhadores na produção da riqueza social fazem parte do senso comum não somente da ideologia capitalista, mas também representam ingrediente facilmente encontrável nos manuais de gestão capitalista. Esta repete na teoria e na prática as determinações do modo de produção capitalista e, nesse sentido, traduz-se num conjunto de técnicas e ferramentas a serviço da classe dominante, e não na busca do desenvolvimento de uma ciência crítica que sirva a todas as pessoas que integram a empresa. Constatando que a gestão capitalista reproduz acriticamente a ideologia e os pressupostos fundamentais do modo de produção capitalista, afirmamos que esta representa muito mais um recurso ideológico do que uma ciência. Seja pelas imposições materiais, na forma como se organiza a produção, em que uma classe explora a outra, seja nos aspectos subjetivos, propagando elementos da ideologia capitalista, como a inferioridade do trabalhador perante o capitalista ou a eternidade da mais-valia, esse campo apresenta uma falta de autonomia perante seu objeto de estudo.

Entretanto, o controle sobre o processo de trabalho em vista de maior produtividade e lucratividade não é invenção da mente de um teórico ou pesquisador, mas é uma necessidade advinda dos interesses da classe dominante. Com base nas palavras de Paro (1988, p. 78), podemos assegurar que a gestão não é a causa da exploração, mas uma forma de atendimento dessa determinação[2]:

> Não pretendo, com isso, advogar para a administração capitalista uma neutralidade que seria, em tudo, contrária ao que venho afirmando até aqui. É claro que, se a administração capitalista, como está a indicar o próprio adjetivo da expressão, deve sua especificidade à sociedade capitalista, e se, como sabemos, tal sociedade se fundamenta na exploração de uma parte da população sobre outra, é inevitável que essa administração seja marcada pelos interesses da classe que a utiliza como instrumento de dominação. Não tem sentido, porém, dizer-se que a administração é que causa essa dominação.

---

[2] Da mesma forma que a gestão capitalista não é o fundamento do modo de produção capitalista, o desenvolvimento tecnológico não é o pressuposto desse sistema social: "a mudança tecnológica é uma peça do funcionamento interno do sistema capitalista e não requer ser 'pressuposto' em nenhuma circunstância" (Katz, 1996, p. 404).

A gestão capitalista, como qualquer campo do conhecimento, ao receber influência direta da sociedade, também acolhe os interesses das classes sociais em luta. Mesmo numa área do saber que não seja tipicamente voltada para a apreensão do funcionamento da sociedade, a quantidade de investimento utilizado no seu desenvolvimento obedece a regras de interesses particulares e, nesse sentido, mesmo que de forma indireta, as pesquisas e os estudos relacionam-se com a luta de classes[3]. As empresas que financiam as pesquisas não estão interessadas apenas no progresso do conhecimento, mas, antes, no retorno financeiro que elas podem gerar.

Além do retorno financeiro, existe outro ingrediente central que estimula os investimentos das classes sociais nas pesquisas: a busca pela dominação social. Ao passo que se recrudesce a luta entre as classes sociais, as obras teóricas têm a sua carga de ideologia ampliada com o objetivo de fornecer ferramentas para a conquista e a manutenção da hegemonia. Assim, podemos afirmar que quanto menos se manifestar a luta de classes dentro do capitalismo, mais as pesquisas científicas terão garantido largas margens de autonomia. Esse é o exemplo clássico da economia política, que, conforme demonstrou Marx (1985a, p. 16), sofreu implicações diretas da história da luta de classes:

> Desde 1848, a produção capitalista tem crescido rapidamente na Alemanha, e já ostenta hoje seus frutos enganadores. Mas, para nossos especialistas, o destino continuou adverso. Enquanto podiam tratar da Economia Política de modo descompromissado, faltavam as relações econômicas modernas à realidade alemã. Assim que essas relações vieram à luz, isso ocorreu sob circunstâncias que não mais permitiam o seu estudo descompromissado na perspectiva burguesa. À medida

---

3   Mesmo os campos do saber comumente tidos como mais afastados dos interesses das classes sociais recebem uma carga de influência direta desses. Ainda que Albert Einstein tenha formulado a teoria da relatividade objetivando expor o funcionamento das regras da física, seu resultado foi a base para a construção da maior arma militar utilizada na Segunda Guerra Mundial. Com base nas descobertas da teoria da relatividade, ensejou-se uma corrida entre as potências bélicas pela criação da bomba baseada na fissão nuclear. Como se observou no Projeto Manhattan, em que cerca de 130 mil pessoas, financiadas pelos governos dos EUA, Inglaterra e Canadá, realizaram atividades conjuntas para criar as primeiras bombas atômicas; as pesquisas nesse campo de conhecimento não foram nem um pouco independentes ou preocupadas com interesses universais.

que é burguesa, ou seja, ao invés de compreender a ordem capitalista como um estágio historicamente transitório de evolução, a encara como configuração última e absoluta da produção social, a Economia Política só pode permanecer como ciência quando a luta de classes permanecer latente ou só se manifestar em episódios isolados.

De maneira análoga aos estudos da economia política, enquanto existir a mínima ameaça por parte dos trabalhadores contra as imposições do capital, a gestão capitalista precisa apresentar recursos mistificadores da realidade. A alteração dessa regra só acontece quando a instituição onde se empregam as técnicas de gestão e organização do trabalho estiver inserida numa sociedade em que não exista luta de classes, e isso só é possível numa sociedade sem classes sociais. Apenas nesse contexto, não só a gestão e a organização do trabalho, mas todas as outras áreas do saber, terão como base os interesses universais e, por isso, se voltarão para o atendimento das necessidades sociais e não para as imposições de uma classe sobre a outra. Dentro do modo de produção capitalista, o desenvolvimento tecnológico não se fundamenta nos interesses universais, mas num simples cálculo: para ser realizado, o investimento deve proporcionar um retorno financeiro superior. Dessa forma, a lucratividade se sobrepõe à humanidade como parâmetro para a escolha das inovações tecnológicas a serem fomentadas. Mesmo que sirvam para deteriorar o meio ambiente ou que imponham condições degradantes de trabalho, se apresentarem prospecção de lucro, as máquinas e os equipamentos serão criados e implementados.

No sistema capitalista, "a evolução da taxa de lucro é decisiva na teoria da mudança tecnológica, pois o benefício esperado determina o investimento em inovações" (Katz, 1996, p. 413). Ainda que possibilite uma melhoria da qualidade de vida dos trabalhadores, caso não aponte para a ampliação dos lucros, o avanço tecnológico é descartado pelo capital. Dentro desses marcos, impera o seguinte axioma: "que o tecnicamente viável deva ser economicamente factível significa que, no capitalismo, descartam-se todas as tecnologias que não tragam lucros" (Katz, 1996, p. 413). Por isso, as potencialidades vislumbradas pelos avanços tecnológicos não podem ser efetivadas dentro do capitalismo, uma vez que "esta dependência do lucro submete o processo inovador a um desaproveitamento de suas potencialidades quando diminui a taxa de lucro" (Katz, 1996, p. 411).

Na realidade vivenciada por nós, os avanços da gestão e da organização do trabalho em torno de ampliação da produtividade não se edificam a partir das necessidades humanas, mas dos interesses das pessoas que controlam a produção. Não obstante o fato de expressarem formas mais eficientes de organização dos trabalho, como se estabelece a partir dos interesses particulares de uma só classe, a gestão capitalista inviabiliza o atendimento de necessidades humanas universais:

> Ao deixar de levar em conta os fins, ou melhor, ao tomar um determinado fim como eterno, universal e inquestionável, a administração tipicamente capitalista, embora guardando as características gerais de 'utilização racional de recursos para a realização de objetivos', [...] coloca-se a serviço de uma classe em particular e não do homem em geral. (Paro, 1988, p. 56)

De fato, expressam avanços tecnológicos, sejam materiais ou subjetivos, mas, na sua grande maioria, são destinados ao provimento da satisfação dos imperativos do capital e, assim, descartam a vida humana como referencial. Como afirma Braverman (1987, p. 178), "a produtividade crescente do trabalho não é buscada nem utilizada pelos capitalistas do ponto de vista da satisfação das necessidades humanas", mas, em sentido oposto, é "acionada pelas necessidades do processo de acumulação do capital, torna-se um impulso frenético que se assemelha a uma insanidade social generalizada".

Analisados apenas a partir de seus aspectos materiais, os avanços tecnológicos, sejam relativos a máquinas e equipamentos ou a uma organização do trabalho que descarte movimentos desnecessários, representam uma ampliação da eficácia e, nesse sentido, constituem um potencial de progresso para a humanidade. Dessa forma, "consideradas apenas em seu aspecto físico, as máquinas nada mais são que instrumentos desenvolvidos de produção pelos quais a humanidade aumenta a eficácia de seu trabalho" (Braverman, 1987, p. 195). Contudo, na maioria das vezes, a utilização dessas inovações, no lugar de efetivar esse potencial de progresso humano, serve para a ampliação da exploração e domínio de uma classe social sobre a outra. Essa é uma evidência clara do modo de produção capitalista:

o notável desenvolvimento da maquinaria vem a ser, para a maioria da população trabalhadora, a fonte não de liberdade, mas de escravização, não a de domínio, mas de desamparo, e não de alargamento do horizonte do trabalho, mas do confinamento do trabalhador dentro de um círculo espesso de deveres servis no qual a máquina aparece como a encarnação da ciência e o trabalhador como pouco ou nada. (Braverman, 1987, p. 169)

A ampliação dessa contradição social não advém simplesmente das novas máquinas ou equipamentos ou, ainda, das inovações da organização do trabalho, mas do uso e da função social a que esses elementos estão determinados a cumprir. Essas diversas formas de avanços de técnicas, ferramentas de trabalho e meios de produção, quando tomados de forma isolada ou independente, apontam para uma possibilidade de melhoria da qualidade de vida de todas as pessoas, visto que, dependendo do seu uso, podem servir para diminuir as atividades desgastantes e aumentar o tempo disponível para a liberdade. Quando a sociedade conseguir efetivar o potencial pleno do desenvolvimento tecnológico e usá-lo para facilitar a vida de todos, as pessoas terão mais tempo disponível para realizar atividades prazerosas. Marx (1985a) se refere a essa possibilidade como diminuição do reino da necessidade e ampliação do reino da liberdade.

Contudo, o desenvolvimento tecnológico, quando acontece para atender aos imperativos do capital, repercute em papel contrário ao próprio desenvolvimento humano, no seu sentido de reciprocidade social, em vistas da emancipação humana. A máquina, mesmo representando uma potência de melhoria de vida das pessoas pode, dependendo do contexto social em que está inserida, servir contra os interesses universais da própria humanidade. Esse sentido acontece quando, no lugar de estarem a serviço de toda a humanidade, ficam a serviço dos representantes do capital.

Marx apresenta essa compreensão sobre o desenvolvimento tecnológico como uma potência a serviço da humanidade, mas que provavelmente nunca será efetivada numa sociedade de classes. Ainda que sirvam atualmente para enriquecimento de poucas pessoas, os avanços tecnológicos expressam o desenvolvimento das forças produtivas humanas e, portanto, a possibilidade futura de melhoria na qualidade de vida de todos que integram a sociedade. Nessa situação futura, o esforço de vários indivíduos servirá para atendimento das necessidades de toda a sociedade, visto que o

> desenvolvimento das aptidões da espécie **humana**, embora se faça de início às custas da maioria dos indivíduos e de classes inteiras, por fim rompe esse antagonismo e coincide com o desenvolvimento do indivíduo isolado; que assim o desenvolvimento mais alto da individualidade só se conquista por meio de um processo histórico em que os indivíduos são sacrificados. (Marx, 1980c, p. 549, grifo do original)

Assim, não existe uma condição eterna na qual as forças produtivas devem ter seu uso e controle restringidos a uma pequena quantidade de pessoas e, por isso, não sirvam para atender às necessidades universais. Na verdade, alguns requisitos precisaram ser impostos para que as forças produtivas tenham se tornado instrumento a serviço da classe capitalista e contrária à classe trabalhadora. Esse processo histórico marca os condicionantes que o sistema social impõe sobre o destino das forças produtivas, o que não altera o caráter físico das inovações tecnológicas, mas a sua função social.

Como observamos no primeiro capítulo, o primeiro requisito é que as forças produtivas, sinônimos de meios de produção, não estejam sob a posse dos trabalhadores, mas de um poder externo[4], ou seja, "a máquina deve ser propriedade não do produtor, não dos produtores associados, mas de um poder de fora" (Braverman, 1987, p. 168). Além da posse, também o controle sobre as forças produtivas precisa limitar-se à classe capitalista, para que esta possa impor sua vontade contra os trabalhadores.

---

4   Lembrando que, hoje em dia, apesar de alguns produtores terem a posse de meios de produção, eles não decidem de forma independente o processo de trabalho. Além de se tratarem de forças produtivas insignificantes quando comparadas com as relativas às grandes corporações capitalistas, a propriedade sob esses pequenos meios de produção não representa controle sobre o processo de trabalho. Quem controla a cadeia produtiva é o grande capitalista e, nesse sentido, o pequeno produtor, mesmo sendo responsável pela sua produção, não pode decidir como e quando produzir. Na maioria das vezes, sequer controla o ritmo e a forma de trabalho.

Nesse sentido, existem dois interesses antagônicos em luta, e as forças produtivas devem servir como instrumento de um sobre o outro:

> a maneira pela qual o trabalho se dá em torno da máquina – desde o trabalho exigido para projetar, construir, consertá-la e acioná-la – deve ser ditada não pelas necessidades humanas dos produtores, mas pelas necessidades especiais daqueles que possuem tanto a máquina quanto a força de trabalho, e cujo interesse é reunir ambas essas coisas de um modo especial. (Braverman, 1987, p. 168)

Apenas ao final desse processo – que interpõe os requisitos de domínio de uma classe social sobre outra –, as forças produtivas têm relegado seu potencial de universalidade. Sua função social hegemônica não se encontra no atendimento das necessidades sociais, mas no controle sobre o processo de trabalho explorado. Consequentemente, a maquinaria representa, desde o início do capitalismo, "**o meio principal pelo qual a produção pode ser controlada não pelo produtor imediato mas pelos proprietários e representantes do capital**" (Braverman, 1987, p. 167-168, grifo do original).

Essa sentença não é, entretanto, uma condição eterna da humanidade, mas pode ser alterada pelas lutas de classes contidas na história. Não existe uma predeterminação do futuro da humanidade, pois, à medida que se avança no tempo, surgem tanto novas necessidades como novas possibilidades no horizonte da humanidade. Apesar de ter uma forte carga das determinações sociais, o processo histórico não é constante e imutável como um fenômeno físico ou natural[5], mas diferentemente da reprodução da natureza, pode ser alterado de acordo com as vontades humanas. "As formas concretas e determinadas de sociedade são, de fato 'determinadas', e não acidentais, mas se trata do determinante da tecelagem fio por fio da tessitura da História, jamais a imposição de fórmulas externas" (Braverman, 1987, p. 29).

---

5 A igualação entre a legalidade humana e a legalidade da natureza é um dos ingredientes centrais da perspectiva positivista. No próximo capítulo abordaremos melhor esse aspecto.

4.1 A gestão para além do capital

Existe uma passagem da obra de Taylor que representa bem a contradição em que se inserem a gestão e a organização do trabalho e sua relação com a ideologia capitalista, pois, se de um lado expressa um atributo que lhe é inquestionável, de outro, a ampliação da produtividade enaltece que essa condição pode servir a todas as pessoas, independente do contexto social vigente. Na primeira frase, o autor está correto ao afirmar que "a adoção generalizada da administração científica poderá, no futuro, prontamente dobrar a produtividade do homem médio, empregado no trabalho industrial" (Taylor, 1982, p. 127). Trata-se realmente de uma afirmação que pode ser feita sem ressalvas, visto que, independentemente do modo de produção em que esteja inserida ou da classe social a que esteja servindo, a gestão e a organização do trabalho repercutem em maior produtividade.

A segunda parte da passagem de Taylor, todavia, contém informações que necessitam ser delimitadas, visto que, diferentemente do sistema social em que esteja inserida, pode ser verdadeira ou não. Depois de afirmar que as formas mais avançadas de gestão e organização do trabalho proporcionam maior produtividade, Taylor (1982, p. 127) complementa da seguinte maneira: "Avalie-se o que isso significa para todos: aumento das coisas necessárias e de luxo, seu uso em todo o país, encurtamento do período de trabalho quando isso for desejável, crescentes oportunidades de educação, cultura e recreação que tal movimento implica".

É preciso elucidar que, apesar da comprovação da primeira sentença, Taylor, como reprodutor da ideologia capitalista, não se escusa de uma mistificação da realidade e promove, na segunda passagem, uma afirmação com validade questionável, pois depende de fatores externos para ser assegurada. De forma distinta à sua mensagem, não é a gestão e a organização do trabalho que garantirão de maneira autônoma que uma maior produtividade seja traduzida em benefícios sociais para todas as pessoas, pois essa condição foge ao seu escopo e controle. Quem determina a validade dessa segunda sentença são os fundamentos do sistema social vigente e o poder das classes sociais dominantes. Da mesma forma que o desenvolvimento de novas máquinas e equipamentos pode facilitar a vida de todos os trabalhadores, elas também podem, dependendo do seu destino e objetivo, ser utilizadas como formas de opressão e degradação do trabalho.

Em outras palavras, a segunda sentença de Taylor apresenta-se apenas como potência, como uma condição que pode ser efetivada ou não, dependendo das determinações sociais que incidam sobre ela. Essa possibilidade nunca poderá concretizar-se numa sociedade de classes em que existam patrões e empregados e que aqueles retirem seu sustento da apropriação do trabalho destes. Escamotear esse fato é se iludir com falsas promessas. Nem no ordenamento social em que Taylor viveu, nem com a hegemonia da perspectiva política por ele adotada, poderia ocorrer a efetivação de suas palavras. Lembremos as palavras do autor: "A ambição pessoal sempre tem sido, e continuará a ser, um incentivo consideravelmente mais poderoso do que o desejo do bem-estar geral" (Taylor, 1982, p. 90-91).

Apenas numa sociedade sem classes sociais, em que todos devem contribuir com uma cota de trabalho, a descoberta e a aplicação de novas formas de gestão e organização do trabalho podem repercutir em conquistas universais. É por isso que, após a Revolução Russa de 1917, seu principal teórico e líder político, Lênin (Vladimir Illitch Ulianov), defendia o trabalho obrigatório para todos, devendo ser iniciado, durante a fase de transição do capitalismo para o comunismo, pelos mais ricos: "Deveríamos começar imediatamente a introdução do trabalho obrigatório, mas introduzi-lo de uma maneira muito gradual e circunspeta, verificando cada passo por meio da experiência prática e, naturalmente, introduzindo como primeiro passo o trabalho obrigatório **para os ricos**" (Lênin, 1980a, p. 570, grifo do original).

O elemento que marca a possibilidade de aproveitamento social de todo o potencial dos avanços da gestão e da organização do trabalho é claro: um modo de produção estruturado na ausência de classes sociais. Nesse ordenamento social, os avanços da tecnologia, por exemplo, podem servir a todos, e não ficar restrito a um pequeno grupo de pessoas. Ao serem destinados ao proveito social, os avanços tecnológicos servem para superação de vários problemas, como o desemprego, a precariedade do trabalho, os elevados índices de desperdício, as elevadas jornadas de trabalho, a alienação do processo de trabalho, entre outros. Numa sociedade sem classes sociais, a base que estabelece o desenvolvimento da tecnologia não é, portanto, a exploração e domínio de uma classe pela outra, mas as conquistas humanitárias:

> O socialismo implica o estabelecimento de prioridades diferenciadas no uso das novas tecnologias, como impedir o desemprego, evitar a ociosidade das plantas fabris, facilitar a redução da jornada de trabalho, satisfazer as necessidades básicas de alimentação, habitação, saúde e educação da população. (Katz, 1996, p. 416)

Para que se torne possível a efetividade do potencial tecnológico advindo de novas técnicas, ferramentas e máquinas proporcionadas pelas experiências da gestão e da organização do trabalho, a sociedade deve ser modificada na sua estrutura produtiva. Nesse momento futuro, mesmo que represente um sistema social com configuração oposta ao capitalismo, uma sociedade sem classes também terá a busca pela ampliação da produtividade como um dos determinantes de maior importância. O que muda é a função social a ser cumprida pela gestão e pela organização do trabalho, e isso implica aproveitamento de algumas inovações e descarte de outras, tendo como parâmetro de julgamento as necessidades universais. Mas, ainda assim, nem de longe as ferramentas e as técnicas para ampliação da produtividade serão desprivilegiadas.

Como afirmou Lênin (1980a, p. 572-573) a respeito da primeira tentativa sistemática[6] de instauração de uma sociedade sem classes sociais, depois da conquista do poder e da destruição da resistência capitalista, a prioridade deve se voltar para a elevação da produtividade:

---

6 Tentativa sistemática porque, antes da União Soviética já tinham existido outras tentativas de revolução para implantar uma sociedade emancipada no lugar do capitalismo, mas, na sua grande maioria, tratava-se de episódios isolados e limitados a um curto espaço de tempo. O caso mais exemplar desses episódios foi a Comuna de Paris, que se tentou, em 1871, por meio de República Proletária, construir uma sociedade socialista. Após pouco mais de um mês de resistência, ocorreu a destruição dessa experiência, em que o exército da França, em conjunto com o exército alemão (a quem a França tinha capitulado), assassinou mais de 20 mil pessoas.

> Em toda a revolução socialista, depois de se ter resolvido a tarefa da conquista do poder pelo proletariado e à medida que, no principal e fundamental, se cumpra a tarefa de expropriar os expropriadores e esmagar a sua resistência, avança inevitavelmente para primeiro plano a tarefa essencial da criação de um sistema social superior ao do capitalismo, a saber: a elevação da produtividade do trabalho e, em relação com isto (e para isto), a sua organização superior.

Não obstante o fato da conquista do poder político e econômico pelos trabalhadores e a instauração de um caminho de superação do modo de produção capitalista em busca do comunismo, a gestão e a organização do trabalho representam um campo de estudos e práticas que não pode ser descartado. Uma das justificativas para essa afirmação é que, em qualquer processo de trabalho que seja realizado por um conjunto de pessoas, é imprescindível a figura de um organizador ou mediador das diversas atividades realizadas. A não ser que se deseje retornar aos primórdios da divisão técnica do trabalho, na qual o produtor, por ser responsável por todas as atividades, apresentava grandes limitações na produtividade, é inevitável tanto a divisão das atividades como a existência da direção.

Para não comprometer o entendimento de nossa exposição, vale ressaltar que o uso do termo *direção* requer algumas explicações. Da mesma forma que a gestão e a organização do trabalho não apresentam princípios eternos e independentes, a direção também tem suas características alteradas de acordo com o contexto social em que está inserida. Por terem o mesmo termo utilizado, não podemos igualar a direção numa sociedade sem classes e a direção dentro de uma empresa capitalista. Quando nos referimos à direção como uma necessidade da organização do trabalho em uma sociedade sem classes, não acatamos a instauração de uma superioridade e concentração de mando ou de poder, mas apenas fazemos alusão aos elos entre as diversas atividades:

> Todo trabalho diretamente social ou coletivo executado em maior escala requer em maior ou menor medida uma direção, que estabelece a harmonia entre as atividades individuais e executa as funções gerais que decorrem do movimento do corpo produtivo total, em contraste com o movimento de seus órgãos autônomos. Um

violonista isolado dirige a si mesmo, uma orquestra exige um maestro[7]. (Marx, 1985a, p. 263)

Da mesma forma, seguindo esse sentido restrito, enquanto concebe usos eficientes de recursos em busca de fins predeterminados, a gestão e a organização do trabalho são fatores centrais para o desenvolvimento da humanidade. Assim, enquanto considerada "em seu sentido geral" como "a utilização racional de recursos para realização de fins determinados" (Paro, 1988, p. 18), a gestão constitui-se como instrumento destacado para a melhoria da qualidade de vida. Quando encaminhado no sentido de atendimento das necessidades sociais, a busca pelo uso eficiente de recursos se traduz em alargamento das possibilidades de liberdade e diminuição das imposições das barreiras naturais ou, em outros termos, na ampliação do reino da liberdade em detrimento do reino da necessidade.

Mesmo que as determinações da natureza sejam uma condição eterna da humanidade, visto que sempre se dependerá dela para suprir as necessidades humanas, o uso eficiente dos recursos naturais possibilita não apenas uma economia de energia e das reservas naturais, mas a diminuição do tempo de trabalho, permitindo que todos possam ter mais tempo livre, o qual deve ser ocupado com atividades que mais satisfaçam as pessoas: "fazer hoje uma coisa, amanhã outra, caçar de manhã, pescar à tarde, pastorear à noite, fazer uma crítica depois da refeição, e tudo isso a meu bel-prazer, sem por isso me tornar exclusivamente caçador, pescador ou crítico" (Marx; Engels, 1973, p. 41).

Mas, como vimos, essa não é uma qualidade universal da gestão, pois depende das determinações sociais que conformam seu funcionamento. No capitalismo, como o parâmetro para a escolha das tecnologias a serem desenvolvidas é a busca pelo lucro, uma inovação pode ser instalada, mesmo que ocorra uma piora nas condições de trabalho ou que o meio ambiente seja destruído. De maneira semelhante, numa sociedade com an-

---

[7] O problema é que, no capitalismo, essas funções são apropriadas pelos capitalistas: "Essa função de dirigir, superintender e mediar torna-se função do capital, tão logo o trabalho a ele subordinado torna-se cooperativo. Como função específica do capital, a função de dirigir assume características específicas" (Marx, 1985a, p. 263).

tagonismo de classes, mesmo que uma atividade seja marcada pela ausência de condições dignas de trabalho e existam várias alternativas possíveis de superar essa situação, esse quadro só será alterado se houver um retorno financeiro maior com a implantação de uma tecnologia. Um caso exemplar dessa realidade é a situação geral dos cortadores de cana, que passam por condições degradantes de trabalho, visto que é mais rentável para o capitalista se valer desse tipo de trabalho do que investir em novas máquinas e equipamentos. A situação desse trabalhador é tão precária que, como apontam algumas pesquisas, sua vida útil tornou-se inferior a de um escravo: "a socióloga Maria Aparecida Moraes Silva (Unesp) estima que a vida útil dos cortadores seja de 15 a 20 anos. É menos que a dos escravos nas décadas derradeiras do cativeiro no país" (O submundo..., 2008). Muitas modificações na gestão e na organização do trabalho se distanciam, portanto, do uso eficiente dos recursos, tendo em vista as necessidades universais.

A gestão não se expressa por qualidades universais, nem como um conjunto de ingredientes ideais a serem adotados, independentemente do contexto social. Dependendo das determinações sociais que a conduzem, pode-se instaurar no seu interior uma possibilidade plena de eficácia e efetividade, ou seja, uma maneira de coordenar esforços para alcançar um resultado esperado, de forma a otimizar os recursos disponíveis e atender aos interesses de todas as pessoas. Destarte, isso não acontece quando existe uma contradição de interesses. A gestão balizada pela eficiência e pela racionalidade que se destinem ao atendimento das necessidades sociais não é, portanto, uma condição universal encontrável em qualquer ordenamento social, mas só alcançada de forma plena na sociedade emancipada. É essa forma de gestão e organização do trabalho que precisa ser instaurada numa sociedade sem classes sociais.

Nesse sentido preciso, a gestão e a organização do trabalho passam a ser ferramentas de grande importância numa sociedade sem classes e, assim, não existe contradição entre estas e o atendimento de necessidades universais. Se a gestão e a organização do trabalho não apresentam categorias ideais, mas são perpassadas pelas determinações da sociedade em que estão inseridas, elas passarão por modificações significantes para funcionar numa sociedade emancipada. O processo de transformação da sociedade implica, consequentemente, uma dinâmica de mudanças significativas dentro desse campo de estudos. Durante a transição da sociedade capitalista para a sociedade comunista, torna-se importante não apenas a reexpropriação dos meios de produção e da riqueza social por toda a sociedade, mas também o uso eficiente desses recursos. Por isso que, após "as medidas de imediata expropriação dos expropriadores", passa para o "primeiro plano a organização do registro e do controle nas empresas em que os capitalistas já foram expropriados e em todas as restantes empresas" (Lênin, 1980a, p. 564).

Essa não é, entretanto, uma tarefa fácil de ser realizada. De fato é ainda mais complicada do que ocorre na gestão capitalista, uma vez que deve atender a um campo muito mais amplo. Se a gestão capitalista se estabelece no interior da empresa privada e se limita a suas fronteiras[8], o lócus de atuação da gestão socialista é muito maior, pois engloba toda a sociedade. Não se trata apenas de relações no interior da empresa capitalista e desta com seus fornecedores e clientes, mas do desenvolvimento de técnicas e ferramentas a serviço da construção de uma forma de produção e distribuição por todas e para todas as pessoas que integram a sociedade. Não se objetiva mais a reprodução da lógica do lucro e da acumulação individual, mas da socialização de toda a produção. "A dificuldade principal reside no campo econômico: realizar um registro e um controle rigorosíssimo e geral da produção e distribuição dos produtos, elevar a produtividade do trabalho, **socializar de fato** a produção" (Lênin, 1980a, p. 560, grifo do original).

É devido a esse fato que, durante a fase de transição para a instauração de uma sociedade sem classes sociais, não se pode privilegiar os negócios individuais ou as empresas privadas, mas torna-se imprescindível centrar os esforços nas entidades públicas. É preciso, pois, lutar contra a hegemonia da visão de mundo capitalista em que "todos os hábitos e tradições da burguesia em geral, e da pequena burguesia em particular, são contra o con-

---

8   Como vimos no capítulo anterior, ainda que seus representantes afirmem que a gestão capitalista serve para todos os tipos de organização, esta se estrutura a partir da lógica lucrativa da empresa privada.

trole **estatal** e são pela intangibilidade da 'sacrossanta propriedade privada', da 'sacrossanta' empresa privada[9]" (Lênin, 1980a, p. 570, grifo do original). Para auxiliar na socialização da produção, a gestão e a organização do trabalho não devem ser mais estabelecidas a partir da lógica privada, mas, em antinomia a essa perspectiva, precisam seguir uma concepção coletiva, voltada para o atendimento de necessidades universais. A gestão e a organização do trabalho deixam de ser assunto privado, para se tornarem assunto público:

> Cada fábrica, cada aldeia é uma comuna de produção e consumo que tem o direito e a obrigação de aplicar à sua maneira as leis soviéticas gerais ("à sua maneira" não no sentido de as violar, mas no sentido da diversidade de formas de sua aplicação), resolver à sua maneira o problema do registro da produção e da distribuição dos produtos. Sob o capitalismo, isto era um "assunto privado" de cada capitalista, latifundiário, kulaque[10]. Sob o Poder Soviético, isto não é um assunto privado, mas um assunto de Estado da maior importância. (Lênin, 1980a, p. 575)

A ideologia capitalista que advoga o individualismo como valor supremo da organização social não pode ser aceita dentro de um modelo de gestão e organização voltado para os interesses universais. Para ocupar o seu lugar, deve-se instaurar uma visão de mundo que promova uma relação dialética de reciprocidade e complementaridade entre o indivíduo e a sociedade, pois um não existe sem o outro – nem uma imposição da coletividade para aplacar as qualidades subjetivas de cada um, nem a ditadura

---

9   Mesmo que, em grande número de vezes no capitalismo, essas palavras sirvam apenas como efeito discursivo para escamotear um fato recorrente: o auxílio do Estado às grandes corporações capitalistas. Um exemplo corriqueiro dessa mistificação no Brasil é a ajuda bianual aos grandes empresários da soja que, num ano, batem os recordes de produção e vendas e acumulam grandes fortunas e, no ano seguinte, como o mercado está abarrotado da soja do ano anterior, apresentam quedas nas taxas de lucro e, por isso, recebem auxílio do Estado. No cenário internacional, após a recente crise do setor imobiliário nos EUA, o governo estadunidense anunciou "um pacote de salvamento de até US$ 200 bilhões para as duas empresas que dominam o setor de crédito imobiliário do país, a Fannie Mae e a Freddie Mac" (Rodrigues, 2008). Em todos esses casos, o discurso de negação do Estado serve para esconder que o dinheiro da arrecadação está sendo utilizado nas grandes corporações no lugar de serviços públicos.

10 Camponês rico.

dos interesses egoístas sobre a coletividade. O desenvolvimento pleno de cada pessoa deve ser, portanto, a meta da sociedade. Por isso, a gestão e a organização do trabalho não podem relegar-se de sua função social de atendimento público, fornecendo técnicas e ferramentas para o desenvolvimento de todos e de cada um. No seu bojo, devem ser extintos todos os resquícios de individualismo possessivo provenientes das determinações do modo de produção capitalista. A "mão invisível" que guia a tirania do privado sobre o público e liquida com todas as vinculações sociais entre indivíduo e gênero humano deve ser abolida[11].

É somente fundamentada nessa premissa, que se pode averiguar, no interior da gestão capitalista, se algum dos seus elementos integrantes pode servir ou não à socialização da produção. Caso apresente substância progressista que permita utilizá-lo para o atendimento das necessidades universais, o elemento da gestão capitalista passará por um processo de reconsubstanciação ao ser inserido nas determinações de uma sociedade sem classes sociais. Como exemplo, podemos citar as pesquisas sobre tempos e movimentos que, segundo Taylor (1982, p. 40), expressavam uma "notável economia de tempo e o consequente acréscimo de rendimento, possíveis de obter pela eliminação de movimentos desnecessários e substituição de movimentos lentos e ineficientes por movimentos rápidos em todos os ofícios".

Para averiguar sobre um possível aproveitamento desses elementos para a socialização da produção, é preciso entender inicialmente qual a relação entre a sua função social e as determinações que os cadenciaram. Como vimos, o problema original

---

11 No capitalismo, a política, por se basear nos interesses possessivos e individualistas, torna-se uma extensão do egoísmo: "Eis como o universo inteiro do iluminismo do individualismo possessivo – com **todos** os seus traços pertinentes – revela a sua imanência concentracionária. A 'mão invisível' que deveria conduzir a 'felicidade individual' à 'prosperidade geral' dirige o processo para o terror inscrito no cotidiano social e para o horror social do cotidiano. O republicano que exerce a sua 'tiraniazinha' em privado, ao conferir ao Estado o ânimo da 'revolta', franqueia as fronteiras entre o privado e o público. A macroscopia do Estado é o complexo das microscopias privadas. O privado foi de tal forma hipostasiado que perdeu qualquer remissão orgânica ao público, substituindo-se a ele – o Estado é o privado macrocopizado: a 'tiraniazinha' se converte na prática generalizada do Estado. Simetricamente, liquidam-se todas as vinculações sociais entre indivíduo e gênero" (Netto, 1990, p. 34-35, grifo do original).

das pesquisas sobre tempos e movimentos é que Taylor analisava esse elemento não pelo foco dos trabalhadores, mas sob a perspectiva do capitalista e, assim, os imperativos do capital sobre o trabalho foram imanentes à implementação por ele realizada. Como, na empresa capitalista, o poder de decisão concentra-se nas mãos dos representantes do capital, são raros os momentos em que os trabalhadores são consultados sobre qual a forma de organização mais satisfatória.

As pesquisas sobre tempos e movimentos, para serem aproveitadas dentro de uma gestão e organização do trabalho socialista, precisam ser modificadas no seu fundamento: a perspectiva de classe. O seu objetivo não pode ser instaurar formas mais avançadas de organização do trabalho para produzir lucros para os empresários, mas desenvolver estudos que facilitem as atividades dos trabalhadores. As pesquisas sobre tempos e movimentos devem servir para ampliar a produtividade, mas seu objetivo primordial é aperfeiçoar o processo de trabalho de forma que promova melhorias na qualidade de vida do trabalhador. É nesse sentido que, diferentemente dos manuais de gestão capitalista, a expressão *qualidade de vida do trabalhador* é aqui utilizada em sentido pleno, não restrita à empresa em que se trabalha. A qualidade de vida, numa perspectiva socialista, engloba todos os complexos sociais, e esse deve ser o fundamento para a análise da gestão e organização do trabalho.

É adotando-se essa perspectiva que os elementos citados podem ser utilizados para que os trabalhadores consigam melhorar seu trabalho, livrando-se de atividades desnecessárias e, assim, além de ampliar a produtividade, sirvam para melhorar a qualidade de vida[12]. Dentro desse contexto, elementos do estudo dos tempos e movimentos devem ser aproveitados, portanto, dentro da socialização da produção, mas não na sua forma original, mas a partir de novas determinações sociais e aportando uma função social original.

Ainda que a gestão capitalista se estabeleça pela exploração e dominação dos trabalhadores pelos capitalistas e expresse to-

---

12   No capítulo final, abordaremos como se pode aproveitar a organização científica do trabalho dentro da escola.

das as implicações desse fato, seus avanços devem ser minuciosamente analisados para detectar se existe algum elemento que possa ser aproveitado na socialização da produção. Da mesma forma que não podemos negar que foram desenvolvidos para rebaixar a condição dos trabalhadores, também não devemos descartar que, mesmo assim, podem existir alguns elementos da gestão capitalista que possam servir para melhorar a condição dos trabalhadores:

> A última palavra do capitalismo neste aspecto, o sistema Taylor – tal como todos os progressos do capitalismo –, reúne em si toda a refinada crueldade da exploração burguesa e uma série de riquíssimas conquistas científicas no campo da análise dos movimentos mecânicos do trabalho, a supressão dos movimentos supérfluos e inábeis, a elaboração dos métodos de trabalho mais corretos, a introdução dos melhores sistemas de registro e controle etc. (Lênin, 1980a, p. 574)

Como a socialização da produção não é uma construção humana arquitetada sobre o nada ou que deve destruir tudo o que existe para ser erguido, trata-se de um projeto social de emancipação humana que deve ser levantado a partir dos escombros da sociedade capitalista, sabendo aproveitar suas conquistas históricas. Trata-se de mistificação a defesa de um projeto social que, pretensamente, objetive a construção de uma nova sociedade por meio da destruição das conquistas históricas da humanidade. Em oposição a essa tese, a teoria social fundada por Marx advoga a apropriação crítica da herança cultural e das conquistas da humanidade:

> o marxismo conquistou a sua significação histórica universal como ideologia do proletariado revolucionário porque não repudiou de modo algum as mais valiosas conquistas da época burguesa, mas, pelo contrário, assimilou e reelaborou tudo o que houve de valioso em mais de dois mil anos de desenvolvimento do pensamento e da cultura humanos. (Lênin, 1980b, p. 398)

Por isso que um destacado teórico da organização do trabalho dentro da escola refere-se da seguinte maneira às inovações advindas da gestão capitalista:

> A organização científica do trabalho que nasceu e se desenvolveu na América e na Europa ocidental com a finalidade de intensificar a produção, reforçando a exploração do operário e aumentando os lucros do capitalismo, pode e deve propor-se entre nós como um objetivo inteiramente oposto: tornando-se, entre nós, o meio mais eficaz de aumentar a produção, de utilizar racionalmente a energia do trabalho, de reformar metodicamente e economicamente a administração, a organização científica do trabalho (que é atualmente um meio de exploração) se metamorfoseia em meio de libertação. (Pistrak, 2002, p. 95)

A diferença que precisa ser ressaltada é que, em sentido diametralmente oposto ao capitalismo, no socialismo as potencialidades de progresso humano, que se restringiam a apenas um pequeno grupo de pessoas, devem ser agora socializadas para todos. Nesse sentido, deve-se instaurar um estudo sistemático de gestão e organização do trabalho relativos ao modo de produção capitalista, objetivando-se verificar se, entre os seus elementos, existem alguns que podem ser apropriados e reestruturados pela gestão socialista:

> A República Soviética deve adotar a todo custo as conquistas mais valiosas da ciência e da técnica neste domínio. A possibilidade de realizar o socialismo é determinada precisamente pelos nossos êxitos na combinação do Poder Soviético e da organização soviética da administração com os últimos progressos do capitalismo. Tem de se criar na Rússia o estudo e o ensino do sistema Taylor, a sua experimentação e adaptação sistemáticas. (Lênin, 1980a, p. 574)

Um estudo sistemático destinado à identificação e ao aproveitamento de elementos advindos da gestão capitalista para a socialização da produção representa, indiscutivelmente, uma atividade de grande complexidade. Entre os ingredientes imprescindíveis a esse processo, poderíamos destacar a capacidade de reflexão não somente sobre as determinações sociais que incidem sobre o objeto de estudo e conformam a sua função social, mas também por requerer um posicionamento crítico frente ao próprio pesquisador. Almeja-se desenvolver uma capacidade cognitiva e intelectiva elevada, na qual se fomentem usos eficientes e racionais para os recursos disponíveis, assim como se apresente uma consciência crítica sobre esse processo.

Esse estudo sistemático dos elementos da gestão e organização do trabalho

> já denota por si que, em seu desenvolvimento histórico, o homem atingiu um estágio em que ele não apenas utiliza racionalmente seus recursos para atingir seus fins, mas possui também consciência desse fato, [...] [o que indica a necessidade de] refletir sobre ele e sistematizar os conhecimentos, técnicas e procedimentos já alcançados e buscar intencionalmente fazê-los avançar de modo mais acelerado. (Paro, 1988, p. 30)

Apresenta-se, dessa forma, a necessidade de uma consciência crítica sobre a sistematização dos conhecimentos ou, em outras palavras, tem-se a base científica para críticar o desenvolvimento da própria ciência.

Com base no atendimento das necessidades universais, coloca-se em questão constantemente não apenas os elementos da gestão e a organização do trabalho, mas sua função social, a forma como está sendo realizada sua pesquisa e a atuação dos pesquisadores. O resultado esperado é que se estabeleça uma autonomia dos estudos frente ao objeto pesquisado e, assim, a gestão e organização do trabalho atendam aos interesses universais e não a uma visão de mundo particular, isto é, a ideologia de um pequeno grupo de pessoas. No lugar de uma ideologia que mistifica a realidade, a gestão e a organização do trabalho se fundamentam numa representação mental das suas verdadeiras determinações e, com base nestas, edifica e calibra as possibilidades de atendimento das necessidades sociais.

Nesse sentido preciso, pode-se gerar um acúmulo de conhecimento necessário para a sistematização voltada para a gestão socialista. Para tanto, "o nosso objetivo é chamar todos **os pobres** à participação prática na administração, e todos os passos para a realização disso – quanto mais variados melhor – devem ser registrados, estudados e sistematizados minuciosamente, devem ser comprovados por uma experiência ampla, legalizados" (Lênin, 1980a, p. 584, grifo do original).

Dessa forma, pode-se instaurar uma forma de gestão e organização do trabalho em que todas as pessoas da sociedade possam participar igualmente de um amplo processo democrático que determine o modo de produção e distribuição das riquezas.

Atividades

1. "Enquanto existir a mínima ameaça por parte dos trabalhadores contra as imposições do capital, a gestão capitalista precisa apresentar recursos mistificadores da realidade". Explique de que forma a gestão capitalista contribui para a dominação social.

2. Disserte sobre a forma como ocorrem, no capitalismo, os avanços em organização e gestão do trabalho, e a quem estes servem?

3. Apresente possibilidades e limites da gestão e organização do trabalho nas empresas, analisando se estas possuem as mesmas qualidades, independentemente dos seus contextos históricos.

4. Como se apresenta, em cada tipo de sociedade, a relação entre a gestão e a organização do trabalho e o atendimento das necessidades sociais?

5. Como se estruturam a gestão e a organização do trabalho em uma sociedade sem classes?

Indicações culturais

CIDADÃO Kane. Direção: Orson Welles. Produção: Orson Welles. EUA: RKO Radio Pictures Inc., 1941. 119 min.

  O filme conta a história de um grande empresário que, apesar de toda a sua riqueza econômica, possui uma vida marcada pela solidão típica da sociedade capitalista. Apresenta a contradição das possibilidades e as necessidades de uma sociedade de classes.

MEPHISTO. Direção: István Szábo. Produção: Manfred Durniok. Alemanha/Hungria/Áustria: Mafilm, Hessischer Rundjunk, 1981. 144 min.

  O filme narra o caso de um grande ator que, durante a Alemanha Nazista, abdica de seus valores em prol da conquista do sucesso e da fama, estabelecendo um grande paradoxo na sua subjetividade.

ILHA das flores. Direção: Jorge Furtado. Produção: Monica Schmiedt, Giba Assis Brasil e Nore Goulart (Casa de Cinema de Porto Alegre). Brasil, 1989. 13 min.

  Esse filme apresenta um breve percurso de uma mercadoria, desde sua compra até o seu consumo, demonstrando que, na sociedade capitalista, o dinheiro importa mais que as pessoas.

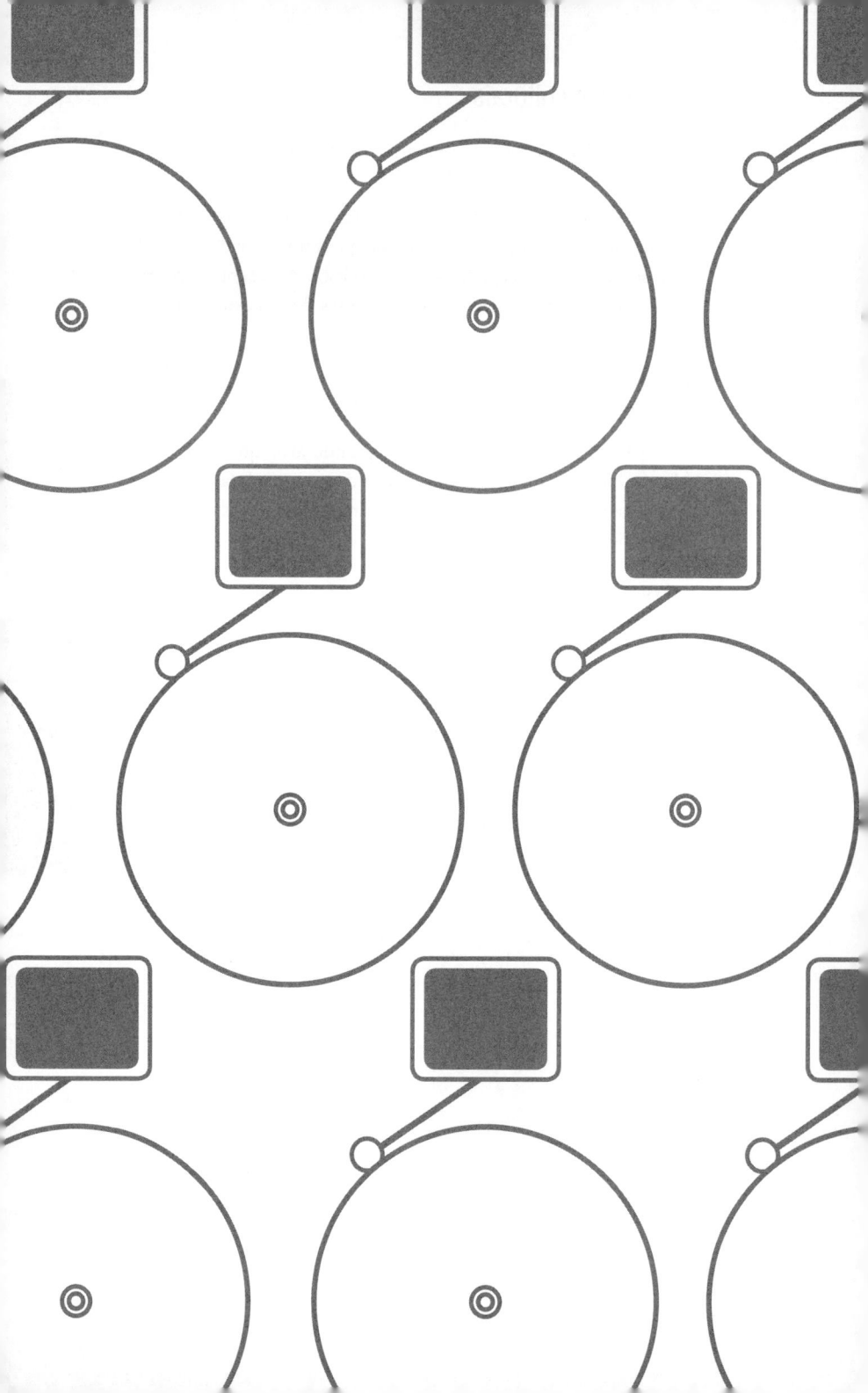

5 Educação e organização do trabalho

De maneira análoga à nossa análise sobre a gestão e a organização do trabalho, devemos ressaltar que a educação é um processo social que está sujeito tanto às determinações externas advindas da totalidade social, como aos condicionantes internos, atitudes e comportamentos das pessoas que integram o espaço escolar. A escola faz parte da superestrutura da sociedade e, por isso, recebe determinações diretas da organização da produção. No entanto, mesmo que essas determinações direcionem o sentido hegemônico da educação, não somos nem fatalistas, nem resignados a ponto de afirmar que o espaço interno da escola é desprovido de lutas políticas e ideológicas:

> para nós, marxistas, a escola faz parte da superestrutura ideológica e edificada na base da produção, em bases sociais bem determinadas que não dependem da vontade de indivíduos e dos reformistas. Na sociedade dividida em classes, a escola servirá os interesses das classes dominantes, ou abertamente – e então não haveria condições de lhe atribuir um papel realmente cultural, isto é, de pô-la a serviço da libertação das classes exploradas, que compõem a maioria da população; ou de forma dissimulada – e então o corpo de professores torna-se, objetivamente, o instrumento das classes dominantes, sem que, **subjetivamente**, assuma isto de forma consciente. (Pistrak, 2002, p. 108, grifo do original)

A educação nem é um complexo social independente das influências sociais, que se estabelece no abstrato, nem possui um caminho único e eterno, impossível de ser alterado. Também não podemos deixar de relevar que, da mesma forma que a gestão, a educação apresenta um sentido hegemônico, que é derivado da forma como se estrutura a sociedade e, no caso do ordenamento social em que estamos inseridos, dos interesses das classes dominantes. A função social a ser cumprida pela educação é uma construção realizada a partir das lutas de classes que acontecem no interior da sociedade e depende da correlação de forças entre essas lutas e do poder de uma classe sobre a outra.

Dependendo do sistema social em que se insere, a educação expressa funções sociais distintas. Isso acontece pela simples razão de que o intelecto das crianças é influenciado diretamente pela forma como a sociedade está estruturada. Para precisar melhor as mediações existentes entre esses polos, podemos afirmar que o pensamento das crianças expressa um momento de suas preocupações e que essas preocupações, por sua vez, recebem uma carga direta do mundo social. Como afirma Pistrak (2002, p. 39), "as formas de intelecto infantil são simplesmente as formas assumidas pelas preocupações da criança, mas estas preocupações, em si mesmas, são alimentadas pela vida exterior, pelo meio social da criança". Dessa forma, não se pode falar de um intelecto natural ou inato das crianças, em que seu conteúdo dependesse apenas "das propriedades do cérebro em desenvolvimento", uma vez que "depende completamente dos fenômenos exteriores da existência e, antes de tudo, dos que resultam das relações sociais estabelecidas entre os homens" (Pistrak, 2002, p. 39).

Um exemplo marcante dessa dinâmica é que, dependendo dos elementos constituintes da escola e da ideologia que imperam na sociedade, os valores sociais mais comuns das crianças podem variar, como mostra uma pesquisa realizada por Jerome Davis e relatada por Braverman (1987, p. 369):

> A sabedoria autoevidente convencional pode variar com o tempo, lugar e as circunstâncias sociais, como foi contundentemente mostrado por Jerome Davis em um estudo por ele feito sobre as atitudes sociais das crianças soviéticas em idade escolar, por volta de 1920. Em uma escala de valores das ocupações segundo o "prestígio" essas crianças inverteram a ordem da hierarquia encontrada na escala comum nos Estados Unidos, colocando em primeiro lugar os agrícolas e em último os banqueiros.

Enquanto na educação e na ideologia hegemônicas integrantes da sociedade estadunidense, os valores sociais disseminados voltaram-se para a exaltação das profissões integrantes da classe capitalista em detrimento das carreiras referentes à classe trabalhadora, na União Soviética, a pesquisa apontou para uma realidade oposta: as crianças foram educadas para preferir os integrantes da classe trabalhadora em detrimento dos pertencentes à classe capitalista. As referências e os parâmetros que norteiam a função social da educação se distinguiram, portanto, em cada sistema social.

Na sociedade estadunidense, como a classe dominante é composta por capitalistas, são seus interesses que comandam o sentido geral da educação e, por isso, a maioria das crianças dessa sociedade deve desejar para o seu futuro a profissão de maior *status* social, isto é, a de banqueiro. Ganhar muito dinheiro e ficar bastante rico, mesmo que seja às custas da pobreza de muitas pessoas, é a principal referência de sucesso do típico habitante dos EUA, pois, desde criança, ele é educado a partir desse parâmetro. É muito comum em filmes oriundos dos EUA, em diálogos em que uma pessoa quer xingar a outra, utilizar a palavra *loser*. Esse termo, que significa "perdedor" ou "fracassado" em português, expressa o típico medo do estadunidense: ocupar uma profissão que não apresente rendimentos capazes de promover *status* social. Nessa sociedade, dificilmente ocorrem críticas sociais aos cargos elevados, mesmo que estes sejam pautados pela ausência de pudor humanitário e representem o exemplo do individualismo possessivo.

Essa realidade não está muito longe da brasileira. Apesar de algumas diferenças de comportamento, podemos perceber que existe uma proximidade entre os valores sociais mais comuns nos EUA e os que são hegemônicos no Brasil[1]. Não obstante

---

1   É importante destacar que existem, entre esses dois países, distinções significativas entre os valores sociais hegemônicos, advindas das diferenças de costumes derivados da história e da cultura de cada um. Além disso, as gradações do desenvolvimento econômico também influem nesse processo, pois, enquanto os EUA configuram-se como um país imperialista, o Brasil qualifica-se como de economia dependente. A relação entre os fatores econômicos e os aspectos culturais aponta que a sociedade capitalista dependente tenda a copiar de forma inferiorizada e submissa os valores da sociedade imperialista. Descartam-se, muitas vezes, as especificidades da cultura nacional em nome de elementos de cultura de massa.

as diferenças de forma, a educação cumpre, nas sociedades dos dois países, a mesma função social hegemônica: educar para a legitimação do modo de produção capitalista, em que uma classe explora o trabalho da outra. Numa sociedade de classes, a educação, como diversos outros complexos sociais, atende, com maior ou menor precisão, à função social hegemônica de proporcionar subsídios subjetivos que fortaleçam a classe dominante. De maneira análoga ao direito que, por exemplo, "compõe uma força especial de repressão que auxilia a classe predominante a organizar a sociedade de modo a levar adiante a exploração daqueles que trabalham. O mesmo *mutatis mutantis* pode ser dito" (Lessa, 2003, p. 261) sobre outros complexos sociais como a educação. Ou seja, guardadas as devidas especificidades de cada um destes complexos sociais, ambos atendem hegemonicamente aos interesses centrais da classe dominante.

A regra geral é que todos os complexos sociais funcionem, na sociedade capitalista, para fornecer respaldo de legitimidade e legalidade para a forma como se organiza a produção social. Todas essas instituições possuem, do mesmo modo que a escola, a sua tipicidade marcada na expressão de reflexo e subordinação ao regime social em que estão inseridas e é exatamente por essa razão que permanecem presentes e ativas, mesmo com as diversas transformações sociais históricas: "A escola refletiu sempre o seu tempo e não podia deixar de refleti-lo; sempre esteve a serviço das necessidades de um regime social determinado e, se não fosse capaz disso, teria sido eliminada como um corpo estranho inútil" (Pistrak, 2002, p. 29).

No entanto, não se trata de tarefa fácil identificar de forma imediata e precisa o caráter de classe das instituições sociais mantidas hegemonicamente pela classe capitalista e por seus representantes. Faz parte da estratégia da classe capitalista que tanto a escola como as mais diversas instituições sociais se apresentem à sociedade como portadoras de um caráter universal e que, assim, instaure-se uma fantasia de que não existe relação com os interesses de nenhuma classe social. Numa sociedade de classes, o Estado representa o exemplo mais efetivo dessa mistificação, sendo apresentado a partir de uma falsa defesa de todos os concidadãos, mesmo que sirva para legitimar e defender os pilares do sistema capitalista. Na *Ontología del ser social: el tra-*

bajo, Lukács (2004, p. 197) faz referência à seguinte passagem de Anatole France, em *El lírio rojo*: "se lee que la ley les prohibe con la misma majestad a los ricos y los pobres dormir debajo del puente" (se lê assim: a lei proíbe com a mesma majestade tanto os ricos como os pobres de dormirem debaixo da ponte). Apesar de ter a função social de defender os interesses da classe dominante, o Estado, para se fazer efetivo, precisa demarcar um caráter de universalidade, tratando a todos da mesma forma, mesmo que salvaguardando a contradição econômica.

Esconder o caráter de classe dessas organizações sociais é uma necessidade da atual classe dominante pela simples razão de que, por constituir apenas uma pequena parte da sociedade, não pode abrir espaço para uma luta direta contra a classe trabalhadora. Como a burguesia integra um segmento extremamente minoritário da sociedade, precisa esconder o caráter classista de diversas instituições sociais, como a escola:

> A escola sempre foi uma arma nas mãos das classes dirigentes. Mas estas não tinham nenhum interesse em revelar o caráter de classe da escola: as classes dirigentes não passavam de uma minoria, uma pequena minoria, subordinando a maioria a seus interesses, e é por isso que se esforçavam para mascarar a natureza de classe da escola, evitando colaborar na destruição de sua própria dominação. (Pistrak, 2002, p. 30)

Por isso que a luta política se encontra também dentro da escola e, nesse sentido, as conjecturas que se voltam para a defesa de que essa organização deve pautar-se por uma posição neutra ou imparcial não passam de leviandade. A realidade é que, como indica Pistrak (2002, p. 22) ao citar as palavras de Lênin, a fantasia de uma escola ausente da vida política não passa de uma charlatanice: "declaramos abertamente que a escola fora da vida, fora da política, é uma mentira e uma hipocrisia".

A empresa privada, por ser o núcleo central da contradição entre capital e trabalho, é a fonte inicial de onde surgem as determinações sociais capitalistas e é segundo o funcionamento dessa organização que os outros complexos sociais devem configurar sua função social hegemônica. A luta entre os polos opostos do sistema capitalista – o trabalho e o capital – se inicia no espaço produtivo e se espalha para todas as áreas da sociedade. Dessa forma, essa polaridade que começa no interior de cada empresa "é concretizada em escala nacional e mesmo internacional como uma gigantesca dualidade de classes que domina a estrutura social" (Braverman, 1987, p. 319).

Na sua relação com a gestão e a organização da escola, a empresa produtiva deve ser considerada a partir dessas determinações e, por isso, torna-se o espaço mais rico de análise dentro de um modo de produção. As expressões centrais que se manifestam na sociedade têm, em sua grande maioria, gênese dentro do espaço produtivo e, por causa desse fato, "a fábrica aparece assim não como um fenômeno isolado a ser estudado sem grande interesse pela escola, mas como um núcleo onde se concentra toda a realidade atual considerada em suas principais manifestações" (Pistrak, 2002, p. 76). O espaço interno da empresa privada, consubstanciando um lócus privilegiado na luta de classes entre patrões e empregados, expressa o signo que marca, em maior ou menor medida, todas as relações sociais, ou seja, apresenta-se "como o nó de inúmeros fios, articulando fenômenos isolados; como encruzilhada de numerosas estradas; como um grande pórtico aberto para o mundo" (Pistrak, 2002, p. 76). Assim, adotando-se esse prisma metodológico, torna-se claro que não se deve estudar a empresa privada de maneira independente ou isolada da totalidade social, mas, apreendendo suas determinações recíprocas: "A atitude da escola em relação à fábrica deriva desta forma de analisar a própria fábrica: a escola não estudará apenas a fábrica; consideramos que o trabalho principal da escola é **tornar compreensíveis ao aluno todos os nós e todos os fios que se ligam à fábrica**" (Pistrak, 2002, p. 79, grifo do original).

Como vimos nos capítulos iniciais, a luta de classes entre capital e trabalho que se originou no interior da empresa capitalista, com o tempo, espraiou-se para os outros espaços da sociedade. Com isso, a disputa pelos interesses de cada uma das classes sociais ultrapassou os limites da empresa e tomou as ruas da cidade. De um movimento econômico pela defesa de melhores condições de trabalho, a classe trabalhadora ensejou um movimento político que buscasse a instauração de uma sociedade sem classes sociais. Esse processo marca a superação dos interesses corporativos e econômicos para uma análise da sua situação a partir da estrutura social, ou seja, a transformação de uma visão imediata, para uma relação com a totalidade social. Nos termos de Lukács (2003), de "classe em si" os trabalhadores passaram a se comportar como uma "classe para si". O processo de luta pela instauração desse novo ordenamento social passou a acontecer não apenas dentro das empresas capitalistas, mas em todos os espaços e complexos sociais. Nesse sentido, além do combate contra o fim da exploração do trabalho pelo capital, a classe trabalhadora destinou suas forças para romper com o domínio social da classe capitalista.

Como resposta, a classe capitalista se equipou também com as mais diversas armas e, entre elas, destaca-se a luta pela conquista da visão de mundo adotada pela maioria da população, visto que, para dominar, precisa-se, além do do uso da violência, de meios de persuasão. Portanto, nas batalhas pelo domínio social, soma-se ao poder de repressão a disseminação dos valores e da ideologia de cada uma das classes sociais. O embate pelo domínio social que brota do interior da empresa é consubstanciado na luta pela imposição da visão de mundo das classes sociais. Nesse sentido, "a hegemonia vem da fábrica e, para ser exercida, só necessita de uma quantidade mínima de intermediários profissionais da política e da ideologia" (Gramsci, 1991, p. 381-382).

Com a vigência do capitalismo e a apropriação dos meios de produção dos produtores diretos pelos capitalistas, os trabalhadores perderam a "capacidade autônoma de sobrevivência e de parte do valor produzido por seu trabalho", mas foram "incluídos em um processo mercantil e industrial que produzirá, ainda segundo Marx, as formas de pensamento para assegurar sua continuidade" (Fontes, 2005, p. 23). Com isso, "uma verdadeira sociabilidade adequada ao sistema capitalista por-se-ia em marcha, controlando e disciplinando tanto a força de trabalho quanto aqueles que constituíssem suas bordas, enquanto exército industrial de reserva[2]" (p. 23). Na luta pelo domínio da sociedade e pelo poder de decidir de que forma deve ser organizada a produção social, a classe capitalista faz uso recorrente de meios para disseminar um tipo de pensamento e de sociabilidade que assegure e legitime seus interesses.

Entre esses meios, destaca-se o papel hegemônico executado pela escola ao cumprir uma dupla função social hegemônica: preparar as crianças para se comportarem de maneira obediente, seguindo as regras e as determinações sociais e qualificar minimamente os trabalhadores para serem explorados pelos seus patrões. Existem várias gradações dessa função social e existem alguns exemplos isolados de escolas que fogem a essas imposições, mas, via de regra, essa é a tendência geral que determina o funcionamento das escolas dentro do sistema capitalista. Na sua relação de dependência e complementaridade com as determinações da sociedade capitalista, a educação deve servir como instrumento de dominação para que as pessoas creiam na eternidade do capitalismo e para disseminar um tipo de comportamento social que é necessário para a manutenção da força de trabalho sempre disposta a ser explorada pelos capitalistas.

Como reza a moral e os costumes da sociedade capitalista, é importante ser educado para obedecer e se manter íntegro física e mentalmente para servir ao patrão, ou seja, não se revoltar com as desigualdades sociais e dedicar à empresa seu maior tempo ao trabalho, mesmo que seja para atividades degradantes,

---

2   Mesmo estando nas bordas do mercado, os indivíduos permanecem sob a imposição das determinações do mercado capitalista e, nesse sentido, torna-se improvável a sobrevivência individual fora desse espaço: "A generalização da mercantilização da sociedade, componente essencial da expansão capitalista, reduzia (ou simplesmente eliminava) a possibilidade de sobrevivência individual fora do mercado" (Fontes, 2005, p. 24-25). Com base nessa premissa, podemos desmistificar o uso recorrente da categoria exclusão social, uma vez que dificilmente alguém pode ser excluído das imposições do mercado capitalista: "**ninguém pode ser excluído do mercado**, simplesmente porque ninguém pode dele sair, posto que o mercado é uma forma ou uma 'formação social' **que não comporta exterioridade**. Dito de outra forma, quando alguém é expulso do mercado, na realidade, funcionalmente ou não, ele é mantido em suas margens, e suas margens estão sempre ainda no seu interior. Não seria o mercado essa estrutura ou instituição paradoxal, talvez sem precedentes da história, que inclui sempre suas próprias 'margens' (e portanto seus próprios 'marginais') e que, finalmente, somente conhece **exclusão interna?**'" (Balibar, citado por Fontes, 2005, p. 20, grifo do original).

pautadas por condições precárias de trabalho e em que o trabalhador seja tratado como uma máquina. Dentro da cartilha do capitalismo, a escola deve ajudar nessa missão, ensinando a lição de que as pessoas devem se comportar de forma semelhante ao trabalhador dentro da empresa: "na escola, a criança e o adolescente praticam aquilo para o que mais tarde serão chamados a fazer como adultos: a conformidade com as rotinas, a maneira pela qual deverão arrancar das máquinas em rápido movimento o que desejam e querem" (Braverman, 1987, p. 245).

Essa lição pode ser comparada com a ementa apresentada por Taylor (1982, p. 110) aos seus trabalhadores, quando explica que se trata de crianças grandes e que precisam cumprir as tarefas que lhes são impostas, pois, somente assim, conseguirão um melhor desempenho: "Todos nós somos crianças grandes e é igualmente certo que o operário médio trabalha com maior satisfação para si e para seu patrão, quando lhe é dada, todos os dias, tarefa definida para ser realizada em tempo determinado e que representa um dia de serviço para um bom trabalhador".

Para esse autor, o ensino e a aprendizagem dentro da escola deveriam seguir as mesmas premissas da gestão capitalista, como é o caso da separação entre concepção e execução[3]. Segundo Taylor, os alunos, da mesma forma que os trabalhadores, deveriam recorrer aos superiores não para alcançar um conhecimento crítico e autônomo, mas para aprender como devem acatar as ordens e se comportar devidamente. Por isso que, na sua analogia entre o aluno e o trabalhador, ele afirma que:

> Se fosse possível ao trabalhador aperfeiçoar-se, tornando-se hábil e capaz, sem ensinamentos e auxílio de leis formuladas a respeito de seu trabalho, então, poder-se-ia concluir também que o menino no colégio aprenderia melhor matemática, física, química, latim, grego etc., sem auxílio algum e por si mesmo. A única diferença nos dois casos é que os estudantes vão aos professores, enquanto, pela própria natureza do trabalho dos mecânicos, sob a administração científica, os instrutores devem ir ao encontro daqueles. (Taylor, 1982, p. 115-116)

---

3   No próximo tópico (seção 5.1) abordaremos a tendência de reprodução das premissas da gestão capitalista na gestão escolar.

Taylor propõe uma simetria entre o adestramento do trabalho realizado pela gestão capitalista e a formação do aluno pela escola capitalista. Se, na empresa, ocorria a separação entre concepção e execução, na qual a direção tem o controle total sobre o processo de trabalho e o trabalhador apenas cumpre a função de execução das ordens, na escola, esse mesmo processo deveria ocorrer na relação entre aluno e professor. O autor não concebe, na sua perspectiva, que o estudante deveria receber o auxílio do professor justamente para ter o controle sobre o saber e não para perder o domínio do conhecimento, passando a receber ordens do professor e cumprindo o que lhe for imposto. Apesar de suas ideias representarem uma relação de aprendizagem em nível precário, essa forma de educação, no entanto, apresenta-se como uma das mais usuais no sistema capitalista.

A visão hegemônica de educação se estrutura a partir de uma mera transmissão de conhecimento do professor para o aluno, como se aquele fosse o único detentor de conhecimento e este não tivesse capacidade crítica. A imagem mais recorrente dessa forma de educação acontece como se o professor abrisse a cabeça do aluno – que estava vazia – e depositasse todo o conhecimento necessário. A contradição básica presente nessa visão de escola expressa por Taylor é que, se o aluno que concluiu os estudos se comportar da mesma forma que a imagem do seu tipo de trabalhador ideal, ou seja, sem domínio de conhecimento que o capacite a tomar decisões autônomas, a escola terá pouca importância no seu aprendizado. Contudo, esse paradoxo não expressa um problema, uma vez que a produção capitalista prescinde de grande quantidade de pessoas bem qualificadas e que o mais importante é a formação de trabalhadores dóceis e pacíficos. Essa missão representa a função hegemônica da escola.

A escola capitalista não se destina ao estímulo do pensamento e ao desenvolvimento do raciocínio, mas à repetição do que for mandado e o cumprimento do que for imposto. Essa formulação de escola se destina, portanto, à formação do que Taylor entendia como trabalhador ideal a serviço do capitalista: aquele que não tem capacidade de crítica e obedece a tudo que seu superior mandar. O trabalhador que o capital deseja é o trabalhador alienado, da mesma forma que o estudante que o capital deseja é o estudante alienado. A formação de ambos tem dois ingredientes que os integram na mesma adjetivação: a falta de conhecimento sobre a totalidade social, seja do processo de trabalho, seja da realidade social; e a falta de capacidade de pensamento independente que os permita analisar a realidade de maneira crítica.

5.1 A dualidade classista da educação

Essa forma de educação marca uma dualidade histórica que se relaciona diretamente com a divisão social do trabalho e se baseia na relação de submissão da educação e do trabalho ao capital. Essa dualidade reproduz as determinações da produção, na qual uma classe social se apropria das funções de planejamento e do controle e a outra fica relegada às atividades de execução. De um lado, os capitalistas e seus representantes dominam a concepção da produção e, de outro, os trabalhadores passam por um processo histórico de adestramento, no qual se promove uma alienação sobre a totalidade do processo de produção. Como vimos, essa dinâmica marca a evolução da gestão e da organização do trabalho nas empresas capitalistas, instaurando o desenvolvimento de técnicas e ferramentas integrantes da gerência. Um dos resultantes históricos desse processo foi que, como os trabalhadores foram expropriados do conhecimento sobre a totalidade do processo de produção, eles se tornaram submissos aos imperativos da gestão capitalista, visto que, desapossado "do conhecimento, o trabalhador parcial torna-se um subordinado no processo de produção" (Paoli, 1981, p. 28).

Como o conhecimento sobre o processo de produção foi expropriado dos trabalhadores e passou para o domínio dos capitalistas e de seus representantes, a capacitação para o trabalho não precisa necessariamente mais acontecer dentro da fábrica, mas pode ser realizada em outras instituições. O controle sobre o processo e o conhecimento de produção, permite, dessa forma, que a classe capitalista possa estabelecer as formas mais convenientes de formação da força de trabalho. A escola, na sua relação de dependência perante o capital, apresenta-se como um espaço privilegiado de ensino e adestramento dos trabalhadores, tanto na transmissão de conhecimentos a serem utilizadas dentro da engrenagem da empresa capitalista, como no treinamento para obediência às determinações do sistema capitalista.

Para incrementar o barateamento da força de trabalho, soma-se aos princípios da gestão e da organização do trabalho nas empresas capitalistas o papel da escola, que deve promover uma formação para que todos os trabalhadores possam se transformar em peças de reposição de baixo custo. Conforme exposto no segundo capítulo (ao analisarmos o axioma exposto por Charles Babbage), para reduzir os gastos com a força de trabalho, implementou-se pela gestão capitalista um longo processo de redução e apropriação das capacidades e conhecimentos dos trabalhadores, concentrando-os nos cargos de direção. Esse movimento, além de amortizar os custos com a formação básica dos trabalhadores, também serviu para ampliar as possibilidades de intercâmbio dos trabalhadores e, assim, impor o barateamento da força de trabalho. A escola complementou essa dinâmica, ao responsabilizar-se por parte dessa formação mínima que iguala as capacidades dos trabalhadores e facilita a sua troca:

> As técnicas modernas de classificação de funções e seleção de pessoal, criadas em relação com a produção em larga escala são projetadas acima de tudo para facilitar o intercâmbio de pessoas. Um dos métodos para assegurar a intercambialidade é reduzir cada operação complexa a uma série de operações simples que não exigem extraordinária capacidade. Quando isso é feito, um efeito automático é padronizar a produção através de uma série de operações relacionadas a um ponto bem abaixo da produção máxima de que os trabalhadores como indivíduos sejam capazes. Ao mesmo tempo, as qualificações formais exigidas para o emprego são padronizadas pelo processo educacional, de modo que há comparativamente poucas diferenças relevantes entre um tipo de trabalhador e outro. (Caplow, citado por Braverman, 1987, p. 299)

Fundamentada na divisão social do trabalho, a transmissão do conhecimento se baseia numa distribuição diferenciada, a depender da classe social atendida: enquanto é regra que os filhos dos capitalistas são formados para planejar e dirigir o processo de produção, os filhos dos trabalhadores são capacitados para executar as diretrizes recebidas. A partir do momento em que "o capital detém o conhecimento, ele funda uma distribuição diferencial do saber que legitima a já existente na esfera do poder" e, nesse processo, "constituindo-se em qualificações genéricas, a força de trabalho pode ser formada fora do processo produtivo: na escola" (Tragtenberg, 1981, p. 7).

O sentido geral da educação capitalista volta-se, portanto, para a reprodução das determinações provenientes do modo de produção capitalista, destacando-se, entre essas, a hierarquização do poder e do conhecimento. Enquanto uma classe é formada para mandar, a outra é, desde tenra idade, adestrada para obedecer. A qualificação do trabalho é definida "com base numa hierarquização interna ao trabalhador coletivo, que distribui desigualmente saber e poder, desde que fundamentada na subordinação do trabalho ao capital" (Paoli, 1981, p. 29). Em outras palavras, a educação capitalista busca reproduzir e naturalizar, socialmente, a hierarquia produzida na divisão social do trabalho, direcionando-se, assim, para dois tipos de educação: uma que prepara uma elite pensante para o comando e outra que forma a massa de executores.

De forma análoga à distribuição da riqueza, o acesso ao conhecimento representa uma pirâmide que tem no seu topo um número restrito de pessoas, e esse número vai se ampliando à medida que a quantidade de conhecimento decresce. A educação acompanha, assim, as mesmas determinações da estrutura produtiva, pois é marcada pela contradição de classes, na qual uma pequena minoria é formada para controlar e explorar o trabalho da maioria das pessoas, que precisam apenas de uma qualificação básica para executar o que lhe for ordenado. As empresas capitalistas historicamente prescindiram cada vez mais de pessoas com extensa qualificação, empregando, em sua grande maioria, trabalhadores com pouca instrução. A tendência expressa que, ao passo que o sistema produtivo necessitou "de uma quantidade cada vez maior de pessoas com quase nenhuma habilidade intelectual", reduziu-se muito a proporção "de profissionais altamente qualificados que necessitam de uma extensa e consistente escolarização" (Paro, 1988, p. 107).

À medida que foi se desenvolvendo, o sistema capitalista ampliou a distância entre a classe trabalhadora e o conhecimento sobre as profissões. Para retirar dos trabalhadores o domínio sobre o saber relativo ao processo produtivo, as diversas formas de aprendizagem lhe foram expropriadas aos poucos. Destarte, se no início do capitalismo, os trabalhadores tinham acesso ao conhecimento técnico e científico, ao passo que esse modo de produção foi avançando, a situação alterou-se radicalmente. A situação do início do capitalismo era bem distinta da atual:

> O profissional estava vinculado ao conhecimento técnico e científico de seu tempo na prática diária de seu ofício. O aprendizado comumente incluía preparo em Matemática, inclusive álgebra, geometria e trigonometria, nas propriedades e procedência dos materiais próprios do ofício, nas ciências físicas e no desenho mecânico. Aprendizados bem administrados proporcionavam assinatura de publicações técnicas referentes ao ofício, de modo que os aprendizes podiam acompanhar o desenvolvimento. Mais importante, porém, que o preparo formal ou comum era o fato de que o ofício proporcionava um vínculo diário entre a ciência e o trabalho, visto que o profissional estava constantemente obrigado ao emprego de conhecimento rudimentar científico, de Matemática, Desenho etc. na sua prática. (Braverman, 1987, p. 119)

Tornou-se crescente a oposição entre os trabalhadores e o acesso à ciência, ou entre trabalho e conhecimento qualificado. Como existe uma gradativa ampliação do fosso que separa a concepção da execução e cada vez menos pessoas detêm o controle e o conhecimento sobre o processo de trabalho, a maioria dos trabalhadores sofre a influência dessa realidade de duas formas diferentes. Nos fatores tipicamente individuais, o trabalhador, por não conseguir encarar o trabalho como um momento de realização nem de interesse de conhecimento, descarta subjetivamente a possibilidade de ampliar seu conhecimento sobre o processo de trabalho. Nos condicionantes sociais, como grande parte dos trabalhadores é empregada em tarefas repetitivas e precárias, não existem investimentos significantes em formação e capacitação dos trabalhadores, pois, do ponto de vista do capitalista, isso representa desperdício de dinheiro.

Somando-se esse dois aspectos, as determinações capitalistas geram um trabalhador desmotivado, sem tempo disponível para aprofundar seu conhecimento sobre o processo de trabalho e com falta de investimentos que permita a mudança dessa realidade. Um dos efeitos imediatos é que a falta de conhecimentos sobre o processo de produção produz um tipo de trabalhador incapaz de resolver problemas inusitados:

> Assim como Frederick Taylor diagnosticava o problema da administração de uma oficina como o de retirar o conhecimento próprio ao ofício dos trabalhadores, do mesmo modo o chefe de escritório encara com horror a possibilidade de dependência por parte de seus funcionários do conhecimento histórico do passado do escritório, ou do rápido fluxo de informações no presente. O registro de tudo sob forma mecânica, e o movimento de tudo em forma mecânica é portanto o ideal do chefe de escritório. Mas a conversão do fluxo do escritório em um processo industrial de alta velocidade exige a conversão da grande massa de trabalhadores em escritório em mais ou menos simples assistentes do processo. Como inevitável acompanhamento disto, a capacidade do funcionário de resolver problemas fora da rotina, erros, casos especiais etc. e tudo o mais que exige informação e instrução, virtualmente desaparece. (Braverman, 1987, p. 293)

É fato recorrente em conversas com atendentes de empresas – que, em tese, deveriam passar por uma formação e capacitação sobre os produtos vendidos – escutar frases reticentes que apontam para o desconhecimento técnico. Quando testadas sobre a validade da resposta, é comum a transferência da ligação para outro departamento da empresa. No final das contas, após ter passado para várias outras pessoas, é natural se sentir que o problema não foi solucionado, visto que ninguém apresentou solução convincente. Isso se dá porque, dificilmente, alguma das pessoas com quem se conversou possui uma noção da totalidade do processo de trabalho, ficando restrita a apenas uma pequena parte que lhe cabe diretamente. O problema, no entanto, não é do trabalhador, mas das empresas e do sistema capitalista que inviabilizam qualquer necessidade de investimento em formação humana e social.

Rebaixado ao cargo de vigilante do processo de produção[4], o trabalhador, no modo de produção capitalista, não recebe investimentos significantes nem estímulos sociais para desenvolver sua capacidade intelectiva. Como o conjunto das empresas capitalistas consubstancia uma dualidade marcada pela oposição entre dois polos de conhecimento: de um lado, uma pequena minoria de ocupações que exigem uma qualificação elevada e, de outro, uma massa de empregos precários e que prescindem de conhecimento especializado. O "incentivo à qualificação" torna-se apenas uma expressão mistificadora. O senso comum que aconselha a busca pela qualificação reveste-se por dois sentidos de mistificação, pois tanto serve para responsabilizar o trabalhador pelo seu próprio desempenho no mercado, como difunde a ilusão do fim dos trabalhos precários e degradantes nas empresas capitalistas.

No primeiro caso, a qualificação é apresentada nos meios de divulgação da ideologia capitalista como uma ferramenta de mobilidade social, uma vez que, segundo esse sofisma, apenas as pessoas que se esforçarem para acumular conhecimento é que terão sucesso no mercado. A escola é desenhada, dentro desse prisma, como a instância reguladora do sucesso social, pois, seria através dela que as pessoas conseguiriam adquirir os conhecimentos necessários para "vencer na vida". Pairaria, então, sobre essa instituição uma auréola sagrada que, a depender da quantidade de genuflexões, apresentaria ou não o caminho individual para a salvação. Em distinção a essa fábula, é preciso elucidar que a escola não representa uma entidade capaz de superar as injustiças sociais e que, portanto, acreditar na sua capacidade de salvação não é o melhor caminho para o paraíso, mas apenas para a ilusão:

> Neste contexto, a escola é apresentada como um instrumento de equalização social, na medida em que, através dela, os indivíduos podem adquirir conhecimentos, habilidades, ou o domínio de uma

---

4 Enseja-se no sistema capitalista um processo que reduz o trabalhador à função de simples vigilante das atividades das máquinas: "'O 'operador', se ainda houver, torna-se uma espécie de vigilante, um orientador, um ajudante. Dele poderíamos pensar como um homem de ligação entre a máquina e a gerência operante'" (Bright, citado por Braverman, 1987, p. 190).

profissão, que lhes possibilitarão ascender na escala social. A escola, na verdade, não possui de modo nenhum esse poder de corrigir as injustiças provocadas pela ordem capitalista. Na medida, entretanto, em que tal crença é disseminada, os indivíduos tenderão a acreditar que, se não possuem melhores condições de vida, ou é porque não se aproveitaram da oportunidade que lhes foi oferecida através da escola, ou é porque esta não está cumprindo satisfatoriamente suas funções. (Paro, 1988, p. 110-111)

O outro efeito mistificador da defesa da qualificação como elemento de destaque no capitalismo se baseia na hipótese de que o desenvolvimento do capitalismo faria decrescer os trabalhos mecânicos e repetitivos, e cresceriam as atividades que estimulariam a capacidade intelectiva dos empregados. Essa conjectura promove a imagem de que as empresas capitalistas teriam relegado ao passado os cargos que acarretavam em elevado gasto de energia física do trabalhador, e no lugar do gorila adestrado de Taylor, passaria a vigorar o trabalhador qualificado que teria como principal diferencial sua capacidade intelectiva e seu acúmulo de conhecimento. Como demonstram os resultados da pesquisa de James R. Bright, realizadas em diversas empresas tidas como avançadas na qualificação por implementar processos de automação, as evidências empíricas contrariam o senso comum da gestão capitalista:

> Durante os vários anos que despendi na pesquisa de campo sobre problemas gerenciais nas chamadas fábricas automatizadas e ao pesquisar automação com industriais, pessoal do governo, cientistas sociais e outros pesquisadores, fiquei admirado ao descobrir que o crescente efeito não ocorria em parte alguma próximo ao grau que frequentemente se admite. Pelo contrário, havia mais prova de que a automação havia reduzido as exigências de especialização da força de trabalho em operação, e de fato toda a força da fábrica, inclusive a organização de manutenção. (Bright, citado por Braverman, 1987, p. 190)

De fato, com o desenvolvimento da tecnologia, surgiram novas ocupações em que a qualificação representa um ingrediente central. No entanto, essas atividades, quando inseridas no conjunto de todos os trabalhos, constituem apenas uma pequena porcentagem. O desenvolvimento da tecnologia nas empresas capitalistas nem se destinou à abolição de trabalhos precários com base em atividades repetitivas e mecânicas, nem instaurou uma necessidade absoluta de qualificação dos trabalhadores. Apenas uma pequena parte dos trabalhos foi reformulada para atender a um grau maior de qualificação. Isso porque a inovação está, no capitalismo, "subordinada ao processo de valorização", alguns poucos "processos requerem maior instrução (produção experimental ou de ponta), enquanto que outros não exigem esta requalificação (fabricação massiva estandardizada[5])" (Katz, 1996, p. 410). Como evidência desse processo, podemos afirmar que a instrução pode até representar "um componente decisivo da força de trabalho para a instrumentalização da mudança tecnológica, mas não é motor ou o parâmetro destas transformações" (p. 410).

Não obstante, os avanços tecnológicos implementados nas empresas capitalistas mantêm-se, na maior parte dos empregos, uma estrutura precária. Na verdade, no lugar de repercutir em melhorias para os trabalhadores, o desenvolvimento da tecnologia foi implementado pelos capitalistas para rebaixar as condições de trabalho e diminuir os gastos com a força de trabalho. Como afirma Harvey (2005, p. 143), as mudanças ocorridas no mercado capitalista nas últimas décadas foram marcadas pela ampliação da exploração do trabalhador, sendo que "os patrões tiraram proveito do enfraquecimento do poder sindical e da grande quantidade de mão de obra excedente (desempregados ou subempregados) para impor regimes e contratos de trabalho mais flexíveis". Por contratos de trabalho flexíveis podemos entender a ampliação de formas precárias de trabalho:

> Mesmo para os empregados regulares, sistema com "nove dias corridos" ou jornadas de trabalho que têm em média quarenta horas semanais ao longo do ano, mas obrigam o empregado a trabalhar bem mais em períodos de pico de demanda, compensando menos

---

5   Com o desenvolvimento da gestão e da organização do trabalho, fomentou-se um amplo processo de divisão, parcelamento e simplificação das atividades, o que facilitou reduzir-se drasticamente o tempo de formação do trabalhador: "Numa fábrica para destilação de alcatrão (Lyons, 1949), o preparo de um 'bom destilador', que anteriormente levava perto de seis meses, hoje leva três semanas. Isso se deve sobretudo ao processo de destilação contínua, em decorrência de cada vez mais numerosos e mais sensíveis instrumentos de medida" (Friedman, citado por Braverman, 1987, p. 195).

horas em períodos de redução de demanda, vêm se tornando muito mais comuns. Mais importante do que isso é a aparente redução do emprego regular em favor do crescente uso do trabalho em tempo parcial, temporário ou subcontratado. (Harvey, 2005, p. 143)

Mapeando essas transformações no mercado de trabalho, o autor (Harvey, 2005, p. 144) sugere a existência de dois grupos fundamentais: de um lado, um pequeno grupo de trabalhadores que ocupam os cargos centrais das empresas e que, por isso, possuem algumas vantagens de trabalho, como condição permanente e segurança de emprego, e perspectivas de promoção e qualificação. Do outro lado, encontra-se a maior parte dos trabalhadores que atendem às funções periféricas e integram dois subgrupos de trabalhos precários: o primeiro, exemplificado nas secretárias, refere-se a trabalhos de rotina, ou manuais com pouca especialização, aportam habilidades extensamente disponíveis no mercado e apresentam altas taxas de rotatividade; e o segundo, em maior número e pior situação, trata-se dos empregados de tempo parcial, temporários, casuais ou subcontratados, e que não possuem nenhum segurança de emprego. Na visão do autor, a tendência é que os trabalhadores que integram o primeiro grupo representem, cada vez mais, uma pequena porcentagem dos provenientes do segundo grupo: "todas as evidências apontam para um crescimento bastante significativo desta categoria de empregados nos últimos anos" (Harvey, 2005, p. 144).

Assim, como o mercado capitalista prescinde de uma grande quantidade de trabalhadores qualificados, a educação voltada para o acúmulo de conhecimentos torna-se, na prática, uma necessidade menor diante da sua função adestradora. Na ideologia capitalista, ainda que a educação seja estabelecida apenas como instrumento de transmissão de conhecimento, os possíveis investimentos relevantes nela invertidos não passariam, portanto, de desperdício. Nessa perspectiva, no lugar de servir para transmitir conhecimento, a maioria das escolas deve centrar-se no fortalecimento da dominação e da legitimação do capitalismo. Por isso que, como a organização da produção cria um grande número de desempregados, estes terão direito a apenas uma educação fundamental adestradora que os mantenha em sua posição de marginalizados, sem causar transtornos sociais.

Além disso, a depender da correlação de forças na luta entre a classe trabalhadora e a classe capitalista, o Estado capitalista pode economizar investimentos em adestramento na escola, passando esta a servir quase como um depósito de crianças. Alguns ideólogos do capitalismo chegam a ponto de afirmar que a necessidade da escola pública advém justamente do fato de retirar as crianças da rua para guardá-las em suas salas de aula, pois, encarceradas, elas não poderm infringir a ordem e as leis da sociedade. Como demonstra Braverman (1987, p. 372), "as escolas, como babás de crianças e jovens, são indispensáveis para o funcionamento da família, da estabilidade da comunidade e ordem social em geral". Nesse sentido, não existiria mais "lugar para o jovem na sociedade a não ser na escola. Servindo para preencher esse vácuo, as próprias escolas tornaram-se um vácuo, cada vez mais vazio de conteúdo e reduzidas a pouco mais que sua própria forma".

Nos tempos mais recentes, ao sentir os primeiros efeitos advindos do recrudescimento dos ataques do capital sobre o trabalho, tal proposta foi exposta por um dos principais defensores do sistema capitalista. Por volta dos anos 50 do século passado, Milton Friedman fez uso de sua retórica capitalista ao expressar

> em um famoso artigo, que a intervenção do Estado nas primeiras etapas da educação poderia ser justificada economicamente pelas "externalidades" positivas ou negativas produzidas por uma boa ou má educação, pela existência de um "monopólio natural" impedindo a competição normal entre as unidades de produção, pela irresponsabilidade das crianças submetidas à tutela paterna e, portanto, incapazes de uma escolha livre. Essas três considerações não justificam de maneira alguma uma participação pública no financiamento, do ensino mais avançado e da formação profissional, nas quais os frutos são apropriados pelo beneficiário e para os quais há uma grande diversidade de escolhas possíveis[6]. (Laval, 2004, p. 95)

---

6   Para relembrar as teses defendidas na publicação desse artigo, de 1955, Milton Friedman escreve um artigo 40 anos depois para ressaltar a necessidade da relação de dependência da escola para com o mercado: "Em 1995, em um artigo do Washington Post intitulado '*Escolas públicas: torne-as privadas*', Milton Friedman voltou à carga de maneira muito mais polêmica, em um contexto de desconfiança com relação à escola pública. A deterioração do ensino seria, essencialmente, devida aos efeitos da centralização excessiva do sistema escolar antigo, bem como ao grande poder do sindicato dos professores. Para enfraquecê-lo, como o exemplo do Chile mostrou, a privatização é um meio muito eficaz: os professores sob contrato poderiam ser despedidos como qualquer empregado do setor privado. Desembaraçadas dos sindicatos, as escolas estariam, desde então, mais aptas a responder aos desejos das famílias, adotando dispositivos inovadores" (Laval, 2004, p. 96).

Essa intentona contra o acesso das classes trabalhadoras à educação de qualidade se traduz, na prática, numa dualidade de possibilidades sobre o caminho escolar. Várias estatísticas governamentais apontam para a manutenção dessa dualidade na educação ao demonstrar que 62% dos jovens não "querem" ir para a universidade, visto que, para o aluno da classe trabalhadora, "a interrupção dos estudos ao fim do ensino médio em favor do ingresso no mercado de trabalho teria maior significado social e pessoal do que o acesso à universidade" (Santos, 2002, p. 228). Contudo, essa justificativa mascara que "a classe trabalhadora ouve, desde a educação infantil, que a universidade não é o seu lugar; o próprio sistema escolar desestimula esse desejo" (p. 228), quando apresenta aparatos pedagógicos diferentes para os operários, direcionados para a formação de uma mão de obra técnica. Não se pode falar, portanto, de uma questão de **querer** ir para a universidade, mas sim de **poder**, visto que as escolhas dos estudantes são forjadas durante a vida escolar, que, por sua vez, de acordo com o que foi visto, é influenciada por questões socioeconômicas. A estrutura produtiva influi, portanto, diretamente na determinação da função social da escola.

Atividades

1. Comente a seguinte citação de Paulo Freire (2001, p. 36): a "prática educacional não é o único caminho à transformação social necessária à conquista dos direitos humanos, contudo [...] sem ela, jamais haverá transformação social. A educação consegue dar às pessoas maior clareza para 'lerem o mundo', e essa clareza abre a possibilidade de intervenção política. É essa clareza que lançará um desafio ao fatalismo neoliberal".

2. Disserte sobre a função da escola na sociedade capitalista.

3. Explique de que maneira a educação se relaciona com as classes sociais.

4. De que forma se apresenta, na sociedade capitalista, a importância da qualificação para a mobilidade social de todas as pessoas?

5. De que forma as mudanças na organização do trabalho nas últimas décadas influenciaram a gestão da educação?

Indicações culturais

PRO dia nascer feliz. Direção: João Jardim. Produção: Flávio Tambellini. Brasil: Copacabana Filmes, 2006. 88 min.

Trata-se de um documentário que apresenta um mosaico da situação dos jovens escolares no Brasil, demonstrando peculiaridades existentes entre regiões geográficas e classes sociais.

O QUE você faria? Direção: Marcelo Pyñeyro. Produção: Gerardo Herrero e Francisco Ramos. Argentina/Itália/Espanha: ArtFilms, 2005. 115 min.

O filme retrata como uma disputa por vaga de emprego pode estimular ao máximo a competitividade das pessoas e como esse sentimento é visto por empresas capitalistas.

A GREVE. Direção: Sergei Eisenstein. Produção: Boris Mikhin. URSS: Mosfilm, 1924. 82 min.

O filme encena uma greve na Rússia do início do século XX, que demonstra a importância da organização dos trabalhadores para conquistar melhores condições de trabalho e retrata o papel repressivo da polícia.

6 Gestão da escola e emancipação humana

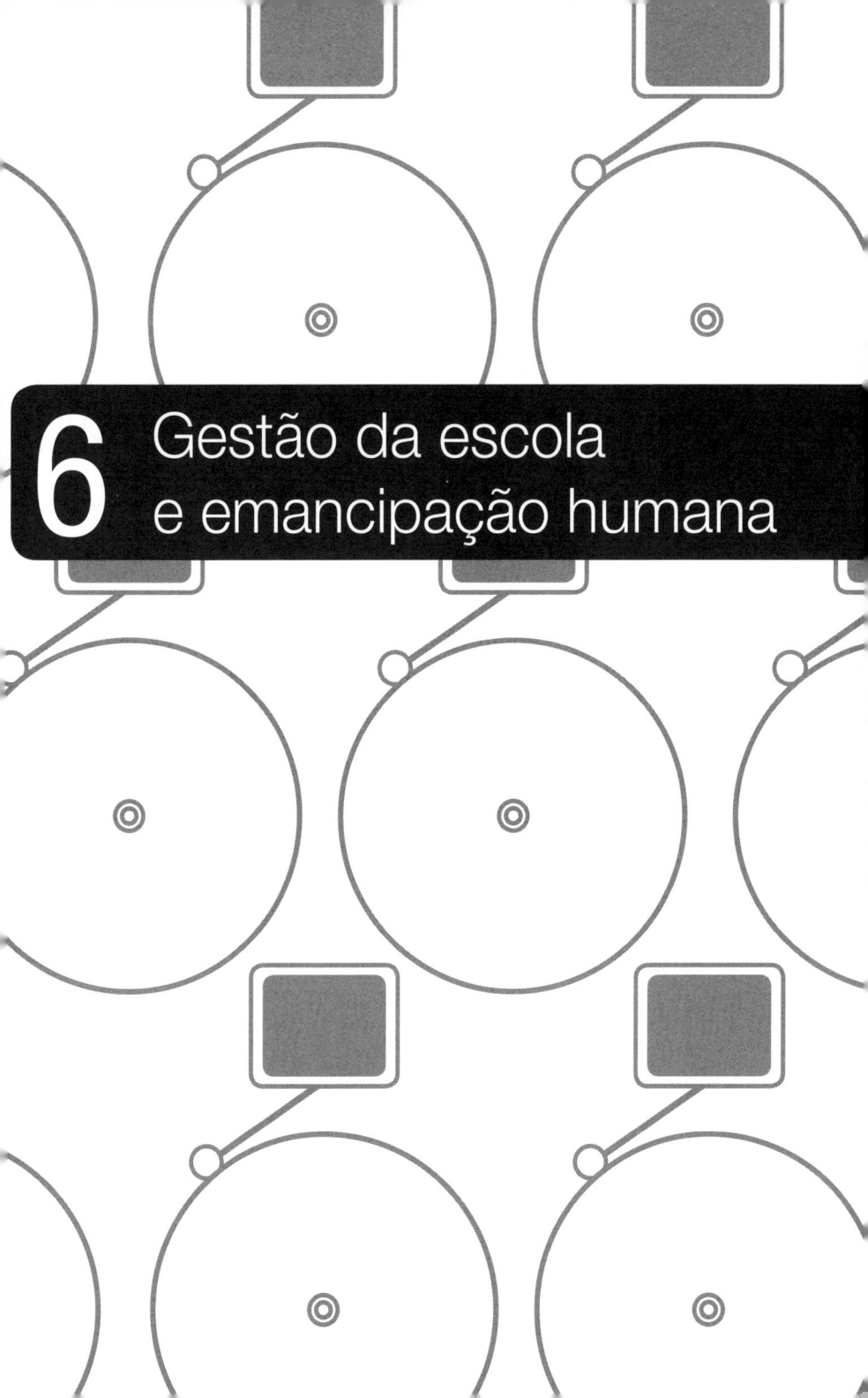

Já afirmamos que a função social hegemônica da educação no sistema capitalista é preparar estudantes para se comportarem como futuros empregados submissos aos patrões, assim como para enxergar na sociedade capitalista a última etapa histórica possível e os seus princípios como qualidades imutáveis da natureza humana. De fato, referindo-nos às palavras de Pistrak (2002, p. 17) ao nos perguntarmos: "como o Estado burguês quer educar as crianças?" e "De quais cidadãos tem necessidade?", podemos concluir que "antes de tudo, de cidadãos cujo cérebro nunca possa conceber a possibilidade de abalar as leis 'imutáveis' do país. Do ponto de vista da lei, toda revolução é ilegal".

Essas diretrizes expõem bem a preocupação central que se encontra na base desse tipo de educação: depreciar a capacidade crítica e a resistência das pessoas contra o ordenamento social em que estão inseridas. O modelo de aluno requerido pelo modo de produção capitalista é aquele que apresenta uma subordinação exemplar dentro da sala de aula e, por isso, a conduta de obediência é sempre premiada. No campo da literatura, Gógol (1972, p. 273) expressou bem esse tipo:

> É preciso notar que o professor gostava sobremaneira de silêncio e boa conduta e não suportava meninos inteligentes e espertos; parecia-lhe sempre que eles deviam estar zombando dele. Bastava um deles ter-lhe chamado a atenção pela vivacidade de espírito, bastava um desses meninos mexer-se no seu lugar ou mover sem querer uma sobrancelha, para incorrer imediatamente na sua ira. Ele o perseguia e castigava impiedosamente. [...] "Bem dotados? Talentosos? Tolices!", costumava dizer o professor. "Para mim o que vale é só o comporta-

mento. Dou as notas mais altas em todas as matérias ao aluno que não sabe patavina, mas tem conduta exemplar; mas aquele no qual percebo espírito rebelde ou zombeteiro, esse ganha zero, mesmo que meta o próprio Sólon no chinelo!".

Isso acontece porque, como vimos, para se manter no poder, a classe capitalista necessita, a todo o momento, fazer uso de meios para disseminar seus interesses e sua ideologia como sendo universais. Para cristalizar-se no senso comum e ser aceita e defendida pela maioria da população, a visão de mundo da classe capitalista se expressa nas mais distintas maneiras, desde os meios de comunicação até obras teóricas. A educação também é requerida para apresentar ferramentas e subsídios que facilitem o domínio ideológico sobre as pessoas. A educação e a formação da consciência não se restringem ao espaço interno da escola, mas abarcam outras relações sociais, como a educação familiar. Na mesma obra literária citada anteriormente, Gógol (1972, p. 271-272) indica um "conselho precioso" da sociedade capitalista e que, por isso, precisa ser passado de pai para filho:

> Os olhos paternos não verteram lágrimas na despedida; o menino recebeu um rublo e meio em cobre para as despesas e guloseimas e, o que é mais importante, um sábio conselho: 'Olha aqui, Pavlucha, estuda, nada de travessuras nem vadiagem, porém mais do que tudo trata de agradar aos professores e superiores. Se souberes agradar ao superior, mesmo que não sejas bom nos estudos nem tenhas qualquer talento dado por Deus, sempre te sairás bem e passarás na frente de todos. Não te dês com os companheiros de escola, eles não têm nada de bom para ensinar-te; mas, se não o puderes evitar, então procura fazer amizade com os mais ricos, que te poderão ser úteis algum dia. Não convides nem presenteies ninguém, mas comporta-te de maneira a seres tu o convidado e o presenteado; porém mas que tudo trata de guardar e economizar cada copeque; ele é a coisa de mais confiança no mundo. Um colega, um amigo, não perderá a primeira ocasião de te engazopar, e, em caso de dificuldade, não hesitará em te denunciar, mas o copeque, esse não, esse nunca te trairá, qualquer que seja o teu problema. Tudo no mundo se consegue e se resolve com o copeque (moeda russa).

Na análise desses elementos, podemos encontrar algumas técnicas que se assemelhem às utilizadas para incrementar o adestramento dos trabalhadores dentro das empresas capitalistas, que podem, dependendo do caso da escola, ser incorporadas em maior ou menor medida. Podemos visualizar uma tendência gradativa: quanto mais a escola se destina ao atendimento das determinações capitalistas, mais estão presentes ferramentas copiadas da gestão capitalista no seu interior. A gestão escolar se estrutura, nesse sentido, na maioria das escolas, como um clone da gestão e da organização do trabalho, derivadas das experiências das empresas capitalistas. Esse é, de modo geral, o alicerce da gestão escolar no capitalismo:

> Assim, mecanismos da administração capitalista, como a gerência e a divisão pormenorizada do trabalho, gerados no seio da empresa capitalista e aí adotados, como vimos para resolver problemas que são, antes de mais nada, de natureza econômica e social, são tomados como transplantáveis para a situação escolar, sob justificativas meramente técnicas, sendo tratados de maneira autônoma, desvinculados dos condicionantes sociais e econômicos que os determinam. Desta forma, contribuem também para ocultar ou escamotear os próprios determinantes concretos da prática da Administração Escolar. (Paro, 1988, p. 127)

De forma semelhante à gestão capitalista, as determinações que influenciam a gestão escolar conduzem para um caminho similar de adestramento, e a diferença é que, se no primeiro caso se trata de pessoas exploradas na empresa, no segundo caso se trata de futuras pessoas a serem exploradas, que se encontram dentro das escolas.

Por outro lado, existe também outra característica que assemelha esses dois complexos sociais: tanto na empresa, como na escola, por mais que exista a hegemonia da ideologia capitalista, permanecem ativos alguns ingredientes de resistência e consciência crítica. De maneira similar ao adestramento realizado nas empresas pelos representantes do capitalismo, o adestramento realizado dentro da escola por professores e diretores reprodutores da ideologia capitalista[1] se baseia numa previsão impossível de ser realizada: a total obediência.

Vale ressaltar que, devido ao objeto e ao lócus de atuação, essa contradição entre dominação e resistência se apresenta em graus diferenciados na escola e na empresa. Se, por um lado, dentro da empresa os efeitos da exploração do trabalho expressam maiores impactos no processo de resistência e formação crítica, por outro, dentro da escola, esses ingredientes se afastam do imediatismo e podem ser relacionados com a totalidade social mais facilmente. Nesse sentido de resistência às imposições do capital, enquanto na empresa a regra é sofrer a exploração sem entender sua causa direta, na escola pode-se entender as causas da exploração, mesmo sem sofrê-las diretamente.

Assim, guardadas as devidas especificidades, mesmo com os mais diversos imperativos para modelar o comportamento, ainda assim permanecem tanto na mentalidade do trabalhador como na do aluno elementos que possibilitam uma resistência contra as determinações do modo de produção capitalista. Por mais que os capitalistas e seus representantes se esforcem em destruir a consciência crítica, ela se mantém como uma possibilidade concreta:

> Da mesma forma que se caminha sem necessidade de refletir sobre todos os movimentos necessários para mover sincronizadamente todas as partes do corpo, assim ocorreu e continuará a ocorrer na indústria em relação aos gestos fundamentais do trabalho; caminha-se automaticamente e, ao mesmo tempo, pode-se pensar em tudo

---

1 Quando utilizamos a expressão *professores e diretores reprodutores da ideologia capitalista*, não estamos generalizando-a a todos que compõem essa categoria, mas apenas citando que esse é o comportamento típico dos integrantes da escola que atende à função social imposta pelo capitalismo. Trata-se de uma tendência derivada da função social, e não uma análise empírica de todos os casos. Ao contrário de uma postura unidimensional, a contradição entre ideologias opostas é uma evidência facilmente percebível entre os professores. No contexto atual de lutas, os professores representam uma das categorias mais combativas e é por isso, que a mídia capitalista não mede esforços em denegrir sua imagem. Além disso, diferentemente do gestor da empresa capitalista, o professor tem uma margem bem maior de autonomia, pois não é tão fácil realizar uma relação linear entre o conteúdo passado em sala de aula e a cristalização da ideologia capitalista. No entanto, esse campo se torna mais restrito na situação do professor em escola privada, pois a permanência do seu emprego é garantida pela capacidade de proporcionar lucro.

aquilo que se deseja. Os industriais norte-americanos compreenderam muito bem esta dialética inerente aos novos métodos industriais. Compreenderam que "gorila domesticado" é apenas uma frase, que o operário continua "felizmente" homem e, inclusive, que ele, durante o trabalho, pensa demais, ou, pelo menos, tem muito mais possibilidade de pensar, principalmente depois de ter superado a crise de adaptação. Ele não só pensa, mas o fato de que o trabalho não lhe dá satisfações imediatas, quando compreende que se pretende transformá-lo num gorila domesticado, pode levá-lo a um curso de pensamentos pouco conformistas. A existência desta preocupação entre os industriais é comprovada por toda uma série de cautelas e iniciativas "educativas", que se encontram nos livros de Ford e de Philip. (Gramsci, 1991, p. 404)

De acordo com Gramsci, mesmo com a implementação das mais brutais ferramentas de adestramento, não se pode extinguir a capacidade crítica, uma vez que é impossível destruir a faculdade intelectiva do ser humano. Ainda que praticando atividades mecânicas, permanece presente a capacidade de pensamento do ser humano: "não existe atividade humana da qual se possa excluir toda a intervenção intelectual, não se pode separar o *homo faber* do *homo sapiens*" (Gramsci, 1979, p. 7, grifo do original). Como não se pode destruir totalmente a inteligência humana, ou a sua intervenção intelectiva, não faz nenhum sentido falar de não intelectualidade: "Isto significa que, se se pode falar de intelectuais, é impossível falar de não-intelectuais, porque não existem não-intelectuais" (p. 7).

Mesmo que o total adestramento do trabalhador seja uma meta suprema da classe capitalista, e vários investimentos sejam disponibilizados para esse fim, trata-se de um objetivo inalcançável, pelo simples fato de que o trabalhador, da mesma forma que o aluno, possui capacidade de reflexão. O pensamento é parte integrante da condição de todo ser humano e, assim, mesmo que se possa limitar esse processo, é impossível sua destruição. A não ser, claro, que se mate ou torne o ser humano incapacitado. Mas, nas duas situações, não existiria mais força de trabalho explorada para produzir a riqueza social e, assim, a classe dominante teria que despender energia física e mental para produzir as próprias condições de sobrevivência. Na balança do capitalismo, é bem mais proveitoso investir em meios de controle dos trabalhadores do que economizar despesas e ter que trabalhar.

Para conseguir exercer o domínio sobre a sociedade, a classe capitalista necessita impor a maior quantidade possível de barreiras sociais e psicológicas que sirvam para inviabilizar a plena utilização da capacidade de reflexão e crítica das pessoas. Quanto menos se pensar sobre a forma como se estrutura a realidade e se buscar alternativas capazes de levar à transformação social, melhor será para a permanência da classe capitalista no poder. Como é impossível que em todos os momentos todas as pessoas estejam alienadas da realidade em que vivem, uma das alternativas mais utilizadas para desviar de um caminho de superação da sociedade é a disseminação de projetos sociais que, apesar de proporem algumas críticas sociais, regulam-se pela permanência dos pilares que estruturam o capitalismo. Se por um lado, por exemplo, crítica-se o comportamento egoísta das pessoas e roga-se por sentimentos mais solidários, por outro, esconde-se que a exploração do trabalho e a lógica do lucro são elementos que influenciam diretamente nessas atitudes.

Um exemplo atual dessa forma de abordar os problemas sociais advém da análise hegemônica sobre os problemas do meio ambiente, visto que, mesmo exaltando-se uma necessidade de mudanças importantes, deixam-se de lado as críticas à organização. Na visão hegemônica, os problemas do meio ambiente seriam igualmente de todos e, por isso, o trabalhador deveria ter a mesma responsabilidade do capitalista, ainda que este imponha as determinações que levaram à crise atual. A solução para os problemas do meio ambiente surgiria como um passe de mágica, com a alteração das atitudes das pessoas, que passariam a andar de bicicleta ou a não jogar lixo no chão, ainda que as determinações destrutivas do capitalismo se mantivessem. O combate aos sintomas e a camuflagem da causa que determina a criação desses problemas servem, portanto, para iludir as pessoas e ampliar o domínio da classe capitalista. O objetivo central de teorias desse quilate é que, alterando-se alguns efeitos ou sintomas, mesmo mantendo-se as causas intactas, decrescem-se os sentimentos de resistência e crítica ao capitalismo.

Contudo, nem sempre essa é a estratégia mais promissora e, quando essa droga não surte todos os efeitos esperados, apela-se para uma prescrição mais cruel: expropriar dos trabalhadores o máximo de conhecimento acumulado e criar empecilhos para a reflexão crítica. Mesmo que o resultado seja brutal, essa medida é tomada, pois reduz a ameaça dos trabalhadores contra o domínio dos capitalistas:

> A condição é repugnante para as vítimas, seja qual for o seu salário, porque viola as condições humanas do trabalho; e uma vez que os trabalhadores não são destruídos como seres humanos, mas simplesmente utilizados de modos inumanos, suas faculdades críticas, inteligentes e conceptuais permanecem sempre, em algum grau, uma ameaça ao capital, por mais enfraquecidas ou diminuídas que sejam. (Braverman, 1987, p. 124)

No entanto, no processo de controle sobre o trabalhador, existem várias complicações: apesar dos esforços da organização do trabalho em estabelecer a automatização de tarefas, mesmo com a repetição constante, o trabalhador não se torna uma máquina e, permanecendo como ser humano, tem como condição natural de existência a análise intelectiva da sua realidade. Mesmo que não precise se esforçar muito para refletir criticamente sobre o processo de trabalho, o contato com a realidade o obriga a apreender minimamente as determinações existentes para facilitar a sua adaptação. De toda forma, o trabalhador não apenas pensa, como pensa criticamente sobre o processo de trabalho. E isso não porque seja um contestador por excelência, mas justamente por procurar melhores maneiras de conseguir se adaptar.

É impossível que o trabalhador, inserido num processo de trabalho explorador, no qual é tratado da mesma forma que outras máquinas e mercadorias, abrigue as determinações dessa realidade com a ausência da crítica ou, ao menos, de insatisfação. Ele pode realmente não relacionar diretamente as negatividades do seu trabalho e de vida às imposições do seu patrão ou do sistema capitalista, mas essas determinações não passam incólumes na consciência do trabalhador. Cabe exatamente à escola e às demais organizações da chamada *sociedade civil* se voltarem para a defesa da perspectiva da classe capitalista evitar que os trabalhadores consigam relacionar diretamente os problemas presentes na sociedade e os momentos negativos por eles vivenciados nas empresas com os pilares que estruturam o modo de produção capitalista. Os chamados *aparelhos ideológicos* da classe capitalista possuem a função principal de evitar que as pessoas alcancem uma análise concreta da sociedade, estabelecendo as relações que integram a totalidade social.

O campo de luta entre intelectuais e ideólogos da classe trabalhadora e intelectuais e ideólogos da classe capitalista apresenta-se numa dualidade de objetivos. Enquanto os ideólogos do capital, com a intenção de obscurecer a relação de dependência entre as negatividades advindas do processo de trabalho e da precariedade da qualidade de vida dos trabalhadores com a estrutura do sistema capitalista, interpõem as mais variadas formas para desativar a relação dialética da consciência do trabalhador com a totalidade social, os ideólogos do trabalho lutam para que as pessoas tenham acesso a uma consciência que justamente demonstre essa verdade imanente do capitalismo. O desempenho da escola e da gestão escolar se relaciona diretamente com estas duas possibilidades: enquanto a gestão escolar hegemônica é marcada por uma realidade de defesa da ideologia capitalista, a gestão escolar que se volta para a emancipação humana serve para retirar as barreiras sobre o conhecimento da realidade. Enquanto a primeira objetiva a alienação das pessoas, a segunda destina esforços para a emancipação humana.

Não obstante o fato de que a escola, da mesma forma que todas as organizações inseridas na sociedade capitalista, seja perpassada e influenciada diretamente pelos imperativos do capital, essa instituição, dependendo das forças internas que a compõem, pode apresentar contribuições significantes para um projeto de transformação social. Sabemos que a luta é desigual e não escondemos essa realidade, no entanto, não concordamos que o capitalismo seja um ordenamento social eterno e que, por isso, de nada valem os combates em seu interior. Nesse sentido, da mesma forma que não se pode esconder que a escola não se encontra num vácuo de determinações, mas recebe impactos diretos dessa realidade, não devemos cair num fatalismo que inviabilize qualquer iniciativa revolucionária. A resignação, assim como a neutralidade servem sempre para fortalecer a classe social que está no poder. Assim, a primeira medida a ser adotada para a instalação de uma gestão e organização escolar que se pautem numa perspectiva de emancipação humana é exatamente esta: superar o senso comum que transforma o capitalismo na etapa final da história humana.

Para tanto, como afirmamos no capítulo anterior, faz-se preciso afastar todos os princípios da gestão capitalista que se voltem para a legitimação da ideologia capitalista. É preciso analisar críticamente todos os postulados que integram a gestão escolar e, da mesma forma que a herança da gestão capitalista precisa ser apropriada de forma bastante crítica, os axiomas da pedagogia precisam ser analisados a partir de uma lente que reflita suas funções sociais. Como indicação, ficam as seguintes palavras de Pistrak (2002, p. 160-161): "é preciso desenvolver o hábito da desconfiança e da crítica em relação a todos os produtos que têm a marca registrada da burguesia e são importados por nossas escolas".

O resultado mais coerente dessa primeira medida é que, na maior parte das vezes, a gestão escolar a que nos referimos se apresenta muito mais como uma negação da gestão capitalista do que uma aproximação. Como afirma Paro (1988, p. 151), contrariamente à visão hegemônica que defende a reprodução dos princípios da gestão capitalista na gestão escolar[2], "o que vimos até aqui leva a concluir que a especificidade da Administração Escolar só pode dar-se não por aproximação, mas por **oposição** à administração empresarial capitalista" [grifo do original]. Para estabelecer uma gestão escolar voltada para a defesa dos interesses universais, uma das primeiras medidas é afastar a reprodução automática dos imperativos provenientes das experiências da gestão capitalista. No lugar de se aproximar desse acúmulo de conhecimentos voltados para o adestramento do trabalhador, a gestão escolar precisa se opor de forma radical.

Estando a gestão escolar direcionada para a defesa da classe trabalhadora, em detrimento dos interesses da classe capitalista, dificilmente existirá a cópia de algum princípio da gestão capitalista em seu interior. Da mesma forma que salientamos no capítulo 4, quando existir alguma técnica ou ferramenta de-

---

[2] "De um modo geral, os trabalhos teóricos sobre Administração Escolar, publicados no Brasil, adotam, implícita ou explicitamente, o pressuposto básico de que, na escola, devem ser aplicados os mesmos princípios administrativos adotados na empresa capitalista" (Paro, 1988, p. 124).

senvolvida no interior da gestão capitalista que possa ser aproveitada na gestão escolar, a exemplo das pesquisas sobre tempos e movimentos, esta deve passar por uma rigorosa análise e direcionamento para que possibilite a instauração de outra função social. Quando se concluir que a técnica analisada serve apenas para atender aos interesses da classe capitalista, deve ser descartada imediatamente e, quando houver possibilidade do seu aproveitamento para outra finalidade, deve-se proceder com uma avaliação crítica. Em posição antinômica à ideologia capitalista, o parâmetro que conduz essas análises e decisões é a perspectiva da classe trabalhadora e, por isso, afirmamos que a gestão escolar é o oposto da gestão capitalista.

Tendo isso em mente, podemos exemplificar de que forma torna-se possível a apropriação crítica de alguns princípios provenientes da gestão capitalista. O caso mais visível de tal dinâmica refere-se aos estudos sobre tempos e movimentos, não como forma de impor uma maior exploração aos trabalhadores, mas demonstrar sua utilização como forma de ampliar a produtividade do trabalho e de economizar energia física e mental, inclusive dentro da escola. Nesse ponto, são esclarecedores os relatos de Pistrak, um dos maiores estudiosos sobre a organização do trabalho dentro da escola que conseguiu utilizar princípios da gestão em um contexto de revolução social voltado para a superação do capitalismo.

M. M. Pistrak se destacou no rol dos grandes educadores, ao coordenar algumas experiências pedagógicas durante as primeiras décadas da revolução socialista que se instaurou na União Soviética a partir de 1917. Esse autor, juntamente com outros teóricos de grande envergadura como Nadezhda Krupskaya, Anton Makarenko, Vassili Lunatcharsky e Vassili Sukhomlinski, foi responsável pelo projeto de educação conhecido como *pedagogia socialista*, que representa "uma pedagogia centrada na ideia do coletivo e vinculada ao movimento mais amplo de transformação social" (Caldart, 2002, p. 8). Entre suas análises sobre a organização do trabalho dentro da escola, o autor apontava para a importância da utilização de métodos voltados para a normalização do trabalho, com o objetivo de reduzir dispêndio de energia:

> Um dos problemas compreendidos pela organização científica do trabalho é o estudo dos métodos de normalização do trabalho individual. Entende-se por isto a normalização dos movimentos e dos esforços musculares, isto é, a investigação dos comportamentos mais econômicos (em relação ao tempo e o dispêndio de energia muscular e nervosa), baseados na repetição automática e quase inconsciente de uma série de movimentos que permitem fazer determinado tipo de trabalho, por exemplo, burilar, limar uma superfície plana, etc. (Pistrak, 2002, p. 101)

Promovendo uma distinção precisa entre o uso de métodos voltados para a exploração do trabalhador e a reestruturação de princípios da gestão capitalista, com o objetivo de facilitar a vida dos trabalhadores, inclusive aqueles que integram a escola, o autor assinala a relevância de ensinar aos alunos a utilização racional do tempo e, nesse sentido, fazer uso da organização científica do trabalho e do cálculo do tempo gasto nas diversas atividades:

> Em relação a isso, é importante **atrair a atenção do aluno para a necessidade de registrar o tempo com o relógio na mão, tirando conclusões das constelações realizadas**, numa palavra, é preciso familiarizar as crianças com o interesse apresentado pela organização científica do trabalho, mostrando-lhes através de exemplos práticos e preciosos como ela é necessária, e como podem ser conseguidos grandes resultados com meios simples, desde o primeiro estágio de "racionalização", ou seja, com a ajuda do simples bom senso. (Pistrak, 2002, p. 101-102, grifo do original)[3]

Para tanto, como afirma o autor, não se trata apenas de

> ensinar a organização científica do trabalho enquanto disciplina distinta, [visto que é bem mais importante] que as crianças vivam diariamente na atmosfera da organização científica do trabalho, que, diariamente, sejam convencidas de sua importância e de sua utili-

---

3   Para o melhor incremento da organização científica do trabalho escolar, assim como sua apropriação intelectiva pelos alunos, torna-se imprescindível a existência de áreas de trabalho dentro dessa organização, como é o caso da oficina: "a escola tem ainda um objetivo do mesmo gênero: ensinar a organizar cientificamente o trabalho e, em relação a isto, a oficina constitui um campo de ação muito amplo" (Pistrak, 2002, p. 65).

dade, que ela impregne toda a vida escolar, tornando-se parte integrante das preocupações, [que compreendam os objetivos esperados, ligando-a] **a sua vida e a seus hábitos cotidianos**. (Pistrak, 2002, p. 100, grifo do original)

O elemento central que demarca a diferença estrutural entre a maneira pela qual a organização científica do trabalho é utilizada por Pistrak e a adotada pelos representantes da gestão capitalista é a sua perspectiva de classe: enquanto estes se posicionam a partir da visão de mundo da classe capitalista, aquele reflete os interesses dos trabalhadores. Assim, para a utilização de elementos da organização científica do trabalho dentro da gestão da escola, torna-se necessário que se utilizem como parâmetro as necessidades dos trabalhadores e suas relações com a totalidade social. Nesse sentido, Pistrak (2002, p. 78) é inequívoco:

> Se tomarmos agora o estudo do operário como ponto de partida, encontramos também toda uma série de relações: o operário, seu salário, o sindicato, o operário de hoje e o de ontem, sua vida, sua ligação com o camponês (desta vez do ponto de vista das condições de vida e não do ponto de vista econômico), o Partido, a juventude comunista, a situação da mulher, o trabalho das mulheres etc.

Além disso, torna-se preciso entender que a fonte que permite a existência da escola advém do trabalho de uma classe social que produz um excedente de produção para além de suas necessidades. Diferentemente da perspectiva da classe capitalista, que iguala o uso de uma máquina ao uso de um trabalhador, é preciso ressaltar que apenas o trabalho é um fator de produção que resulta na fabricação das condições materiais de sobrevivência de toda a sociedade. Somente as pessoas que integram a classe trabalhadora podem ser consideradas como produtoras da riqueza social: "a quantia total de riqueza social cresce com cada minuto de trabalho operário, pois este, ao converter natureza em bens sociais, produz o 'conteúdo material da riqueza'" (Lessa, 2003, p. 264). Essa é uma evidência concreta, e só pode ser negada por quem explora o trabalho dos outros: "Só quem for o **senhor do trabalho de outros** confundirá força de trabalho com qualquer outro meio de executar uma tarefa, porque para ele, vapor, cavalo, água ou músculo humano que movem seu moinho são vistos como equivalentes, como 'fatores de produção'" (Braverman, 1987, p. 54, grifo do original).

Somente porque não precisam se preocupar em plantar e colher o seu próprio alimento, ou tecer e costurar a roupa que usam, é que os integrantes da escola podem se dedicar a outros ofícios, e, assim, construir e manter essa instituição. Se, conforme afirmamos nas partes iniciais deste livro, toda a riqueza social produzida na sociedade em que vivemos é resultado do esforço da classe trabalhadora, então não se trata de um favor, mas de um direito social que os filhos das pessoas que constituem essa classe tenham acesso a uma escola de qualidade. A escola deve sua existência ao esforço da classe trabalhadora e é para ela que deve voltar suas contribuições. Assim, mesmo se tratando de uma tarefa extremamente difícil de ser realizada, visto que a realidade é dominada ideologicamente e materialmente pela classe capitalista, a visão de mundo presente na gestão de uma escola deve ser norteada por interesses universais, e não pode ser uma reprodução da perspectiva hegemônica na sociedade capitalista.

Para que a escola sirva como uma instituição catalisadora dos interesses universais, deve fazer parte dos ingredientes da gestão escolar a implementação de condições materiais e subjetivas que motivem os alunos ao desenvolvimento de uma análise da realidade que apreenda suas principais determinações, fornecendo condições para uma consciência crítica. É imprescindível estimular uma visão de mundo mais ampla e reflexiva, em que se visualize no horizonte a instauração de um projeto social no qual todas as riquezas socialmente produzidas sejam, de fato e de direito, socialmente apropriadas por toda a sociedade. Por meio do estímulo dos alunos à formação de uma consciência crítica, pode-se desmistificar a "imagem paradoxal [que] sempre foi constitutiva do capitalismo", resultantes de uma sociedade na qual "as imensas conquistas em termos de capacidade produtiva e de meios econômicos e tecnológicos jamais estiveram disponíveis, politicamente, para a generalização de um possível bem-estar planetário" (Fontes, 2005, p. 31). Nesse sentido, criar condições para estimular o entendimento das contradições sociais que determinam a estrutura da sociedade capitalista é um passo fundamental para a implementação de uma gestão escolar voltada para a emancipação humana.

É preciso estimular o debate e a reflexão dentro da escola, e esse processo, mesmo fundamentando-se sobre os mais diversos acontecimentos sociais, deve manter uma unidade: evitar reproduzir a conclusão apresentada nos meios de divulgação hegemônicos. É importante elucidar a relação de dependência que existe entre a perspectiva de classe capitalista e os mais diversos informativos veiculados pelos meios de comunicação, desde a televisão, os jornais, as revistas, até os livros didáticos adotados na escola. Para os gestores das escolas, é imprescindível proporcionar condições para que exista um esforço coletivo no sentido de motivar os integrantes dessas instituições à compreensão da realidade não pelo ponto de vista do capitalista, mas a partir das necessidades sociais. Objetivando a apreensão da essência da realidade, esta não pode ser apresentada na sala de aula como uma cópia do que aparece na televisão ou nos principais jornais, mas deve ser compreendida por meio da observação e do contato direto com as pessoas que sofrem diretamente suas contradições sociais.

É por isso que o contato íntimo com os trabalhadores constitui um elemento imprescindível no processo de educação. Quanto mais próximos os integrantes da escola e, em especial, os alunos estiverem da experiência de vida cotidiana da classe trabalhadora, maior será o grau de emancipação humana na gestão da escola. Como afirma Pistrak (2002, p. 81),

> o contato íntimo das crianças com a população operária da fábrica, com sua vida, seu trabalho, seus interesses e preocupações [...] [representa] uma condição indispensável [...] [da organização e gestão da escola. Nesse sentido, deve-se estimular] a participação em todas as manifestações da vida da fábrica (assembleias gerais, cooperativas, clube, juventude comunista, célula do Partido, festas revolucionárias, liquidação do analfabetismo, etc.).

A relação entre a escola e os trabalhadores deve ser a mais próxima possível e, essa qualidade se eleva quando se fala de escolas que se situam na zona rural das cidades. Isso acontece porque, muitas vezes, no campo, as escolas significam uma das poucas entidades de referência cultural disponíveis para as pessoas que habitam nesse espaço. Pelas próprias limitações econômicas e materiais do campo, a escola rural constitui uma importante referência cultural, o que faz ampliar sua responsabilidade:

> A escola urbana não tem grande importância como centro cultural, obscurecida no contexto de outros centros, enquanto, no campo, a escola com sua exploração rural é o centro cultural mais importante. O objetivo a atingir é não apenas econômico, mas, antes de tudo, político, pertencendo, em consequência, ao domínio da pedagogia social. (Pistrak, 2002, p. 74)

Por esse motivo, os integrantes da escola devem assumir uma elevada responsabilidade perante o desenvolvimento dos camponeses, centralmente nos aspectos culturais, mas também nas relações de trabalho. Cabe aos alunos, professores e demais pessoas que fazem parte das escolas estabelecer laços profícuos com os trabalhadores do campo, com o objetivo de proporcionar uma elevação do conhecimento cultural e técnico. Entre as contribuições práticas que podem ser realizadas, destaca-se o desenvolvimento das técnicas de agricultura através da relação recíproca entre as experiências dos camponeses e a análise crítica dentro da escola: "O trabalho social principal do professor e da escola deve consistir na melhoria constante da agricultura, da economia rural e das condições de vida do camponês; o trabalho deve ser feito com **a ajuda da escola e através dela**" (Pistrak, 2002, p. 70, grifo do original).

Com a implementação de atividades como esta na gestão da escola, essa entidade efetiva sua contribuição social e se torna um elemento necessário para o desenvolvimento social, pois, "na medida em que atender às necessidades do agricultor, a escola se tornará indispensável para ele, podendo desempenhar um grande papel em toda a sua vida" (Pistrak, 2002, p. 70). Não obstante, não apenas nesse local, mas em todas as áreas da sociedade, a escola deve constituir-se em um centro cultural capaz de intervir socialmente:

> É preciso que cada cidadão considere a escola como um centro cultural capaz de participar nesta ou naquela atividade social; a escola deve conquistar o direito de controle social neste ou naquele campo,

> o direito e o dever de dizer sua palavra em relação a este ou aquele acontecimento, e o dever de modificar a vida numa direção determinada. (Pistrak, 2002, p. 57-58)

No que se refere aos pressupostos pedagógicos, experiências tais como estas estimulam uma compreensão mais reflexiva da sociedade pelos alunos, facilitando o entendimento de que a sociedade capitalista, diferentemente do que se apregoa nos manuais da gestão capitalista, não é um resultado de relações harmônicas, mas é estruturada por interesses opostos. Com isso, a gestão e a organização da escola não se voltarão, portanto, para a formação de um intelectual limitado às determinações capitalistas, que possui como qualidades principais a reprodução da exploração e da dominação sobre o trabalho, como parece ser a regra existente:

> A escola, no capitalismo monopolista, sob a hegemonia burguesa, especialmente após a Segunda Guerra Mundial, vem-se estruturando com vistas a formar, tanto em sentido amplo como em sentido estrito, um intelectual urbano de novo tipo, que apresenta como características principais o aumento da capacitação técnica necessária à reprodução ampliada das relações capitalistas de produção e uma nova capacitação dirigente, com vistas a "humanizar" as relações de exploração e de dominação burguesas, enquanto possibilidades históricas concretas. (Neves; Sant'Anna, 2005, p. 29)

No lugar de aceitar esse tipo de escola voltada para a formação de representantes do capital e que dissemina a imagem de uma sociedade em que se apresentam os interesses dos capitalistas como interesses universais, é preciso demonstrar que a propriedade privada não é nem anterior à natureza humana, nem deve se sobrepor ao direito sobre a vida. É preciso explicar que, quando se faz propaganda do direito de propriedade acima de qualquer necessidade social (exemplarmente demonstrado pela repressão policial a movimentos sociais como o MST), ocorre justamente a mistificação da classe capitalista como detentora dos interesses universais. É preciso saber que, em nenhum momento, divulga-se nos meios de comunicação que se trata de um embate entre interesses de classes antagônicas, ambas em luta material e ideológica em torno de projetos sociais que abarcam valores e princípios diversos. Isso acontece porque, diferentemente do senso comum, na grande maioria desses meios de comunicação, inexiste democracia e liberdade de expressão.

Como vivemos numa sociedade imperada pelos interesses capitalistas e como estes são passados constantemente como os únicos que atendem a vontade de todas as pessoas, qualquer posicionamento que coloque em dúvida essa dominação, não terá clemência para ser tratado como divergência política ou ideológica, mas será exemplarmente punido para que seja banido da memória social. As evidências que apontam para a existência de diferentes visões e interesses, assim como o fato de que estes são provenientes de classes sociais opostas e em lutas, são deixadas de lado nos meios ideológicos hegemônicos, fornecendo espaço de mídia para uma falsa harmonia social. Quando existe uma luta entre interesses antagônicos e essa harmonia social é abalada, não se apresenta como uma luta entre interesses, mas como ato de pessoas desordeiras que são contra a ordem e a estabilidade social[4].

É preciso que todas essas imagens da sociedade sejam cotejadas e analisadas a partir do contato com as pessoas que sofrem diretamente os impactos dessa estrutura social, e a gestão escolar deve proporcionar experiências tais como estas, visto que se trata de momentos de elevado aprendizado. É

> desenvolvendo no educando comportamentos de reflexão, de pesquisa, de questionamento constante da realidade circundante, [...] [que se torna possível conduzi-lo] a aderir de forma consciente a uma visão de mundo comprometida precisamente com o desvelamento dessa realidade e com sua necessária superação. (Paro, 1988, p. 121)

---

4   A educação se apresenta, no capitalismo, como uma importante ferramenta de adestramento das pessoas no sentido de evitar sua revolta. Nesse sentido, vários projetos de expansão da educação básica situam-se no âmbito da dominação social. Não se trata, pois, de projetos que visem à democratização das escolas e universidades, mas sim de projetos de controle das pessoas marginalizadas, "para que não sejam violentos, [...] para que não matem pessoas, não explorem as crianças, não abandonem os idosos à sua sorte, não transmitam AIDS, não destruam a natureza ou poluam os rios, para que o processo capitalista de produção possa continuar a fazê-lo, de forma institucionalizada, em nome do desenvolvimento" (Kuenzer, 1999, p. 180).

A formação plena da consciência, a ponto de o aluno conseguir discernir com suas próprias análises e conhecimentos como funciona a sociedade e qual o caminho a ser trilhado, deve ser, portanto, um dos objetivos básicos da escola. Essa forma de educação e gestão escolar, diferentemente da educação e da gestão hegemônicas no capitalismo, é balizada pelo princípio de que o aluno não deve ser tratado como um mero espectador da realidade ou como receptáculo de conhecimento transmitido pelo professor, mas como sujeito da sua própria formação. O aluno, assim, não deve ser visto apenas como objeto da educação, mas precisa ser considerado também como sujeito (Paro, 1988, p. 142). Nesse sentido, Pistrak (2002, p. 42) possui toda a razão ao afirmar que "é preciso reconhecer de uma vez por todas que a criança e, sobretudo, o adolescente, não se preparam apenas para viver, mas já vivem uma verdadeira vida. Devem consequentemente organizar essa vida". A participação ativa dos estudantes é indispensável para proporcionar não somente um acúmulo de conhecimento, mas também um domínio autônomo sobre ele.

Em oposição à gestão capitalista, o aluno, na escola, não deve ser expropriado do conhecimento advindo da sua vivência cotidiana e adestrado para obedecer a ordens superiores, mas as experiências vividas devem representar o mote para a relação de aprendizagem. É nesse sentido preciso que se torna possível o alcance de uma das funções primordiais da escola, visto que "o objetivo fundamental da escola é, portanto, estudar a realidade atual, penetrá-la, viver nela" (Pistrak, 2002, p. 32), além de que "o objetivo que os alunos devem atingir é não somente a realidade atual, mas também se deixar impregnar por ela" (p. 34). Ao invés de ser forçado a perder o domínio sobre o conhecimento, a gestão escolar direcionada para a emancipação humana deve fornecer o máximo de subsídios que facilitem o caminho de independência intelectual do aluno. No lugar de ser formado para se tornar subserviente às imposições capitalistas, a gestão escolar deve prover condições para vigência de um ensino que capacite o aluno a encarar esses imperativos de forma crítica e consciente. A gestão escolar deve estimular, portanto, uma forma de educação que aporte "um caráter prático a fim de facilitar ao aluno a transição entre a escola e a realidade integral da existência, a fim de capacitá-lo a compreender seu meio e a se dirigir autonomamente" (Pistrak, 2002, p. 90).

De forma similar ao fato de que o aluno deve ser formado para ter condições cognitivas e intelectivas para tomar decisões conscientes sobre os caminhos a serem trilhados na realidade, a gestão da escola deve fornecer ferramentas teóricas e metodológicas para que o professor seja capaz de escolher pessoalmente a melhor maneira de ensinar. Em oposição ao costume da educação tradicional de impor um manual ou uma cartilha que deve ser seguida à risca pelo professor, e que este deve impor brutalmente a seus alunos, defendemos a importância da formação do professor também para posturas de autonomia. Compete aos gestores das escolas tentar disponibilizar meios de armar teoricamente o professor para que "ele próprio seja capaz de criar um bom método, baseando-se numa teoria sólida de pedagogia social; o objetivo é empurrá-lo no caminho desta criação" (Pistrak, 2002, p. 25).

Não obstante, para não sermos acusados de defesa de um tipo de egocentrismo pedagógico, no qual os conteúdos e os métodos de ensino possam ser alterados ao mero sabor e vontade individualistas dos professores, ressaltamos que, para que se torne possível a escolha autônoma do método de ensino pelos professores, alguns critérios precisam ser atendidos. Entre esses, podemos destacar dois: primeiro, que o professor, da mesma forma que o aluno[5], também precisa passar por um processo de formação educativo, no qual se sensibilize e capacite para efetivar essa forma de educação que estamos nos referindo; e, segundo, que a escolha do método de ensino não seja fruto exclusivo de uma atitude individual, mas faça parte de um processo coletivo de gestão e organização da escola. Isso acontece porque, "um professor isolado, abandonado a si mesmo, não encontrará sempre a solução indispensável ao problema que enfrenta", o que gera a necessidade do "trabalho coletivo, da análise coletiva do trabalho de uma escola, o esforço não deixará de ser um trabalho criador" (Pistrak, 2002, p. 26).

---

5   Ou até mais, dependendo do nível de cristalização de conhecimentos, hábitos e concepções de mundo presentes no tipo de relação de ensino e aprendizagem dos professores.

6.1 Gestão da escola x gestão capitalista

Para mensurar e avaliar a eficiência da educação, a gestão escolar não pode utilizar como referências as mesmas variáveis da gestão capitalista, como produtividade e lucratividade. A gestão escolar deve se basear num processo bem mais complexo para determinar se está ou não aproveitando bem os recursos disponíveis para alcançar o fim estabelecido. Na verdade, nem os recursos disponíveis, nem o fim estabelecido da gestão escolar são os mesmos que estão presentes na gestão capitalista. Apesar de não ser apreendido dessa maneira pela gestão escolar hegemônica que reproduz os princípios capitalistas, deveria ser óbvio para todos que a escola busca resultados diferentes da empresa capitalista. Assim, diferentemente da gestão capitalista, que se direciona para a ampliação das formas de controle e exploração dos trabalhadores, objetivando maiores taxas de lucro, a gestão escolar precisa avaliar seu desempenho por meio do processo pleno de formação, que é o produto do processo pedagógico escolar, e "essa diferença, que não é simples acréscimo, já que supõe uma real transformação na personalidade viva do educando, é que se constitui no efetivo produto do processo pedagógico escolar" (Paro, 1988, p. 144).

Não se trata simplesmente de um acréscimo quantitativo de conhecimento adquirido ao longo do processo pedagógico, visto que a educação, para ser plenamente efetivada, precisa instaurar a reflexão sobre o próprio conhecimento já adquirido, no intento de testá-lo de duas formas complementares: primeiramente, se realmente este representa idealmente o movimento da realidade e, segundo, se abarca um posicionamento crítico sobre o próprio conhecimento e não apenas uma fotocópia dos determinantes sociais. Sob esse prisma, torna-se "preciso então, claramente, estabelecer o seguinte princípio: o objetivo do ensino não é a **ciência pura**, transposta para a escola e adaptada à idade da criança" (Pistrak, 2002, p. 118, grifo do original), uma vez que, enquanto "o trabalho científico **subjetivo** do pesquisador tem por objetivo a ciência pura, a ciência em si mesma" [grifo do original], dentro da "escola a ciência deve ser ensinada apenas como meio de conhecer e de transformar a realidade de acordo com os objetivos da escola" (p. 119).

É por isso que a somatória de conhecimento proveniente da formação escolar dificilmente pode ser quantificada, uma vez que envolve a formação intelectual e a formação ética do ser humano. Além disso, é preciso ressaltar que não se trata da visão de conhecimento hegemônica presente em diversas formas de avaliações, como o vestibular, por exemplo, que se pauta no uso da quantificação por meio de um parâmetro obtuso de análise: a repetição dos dizeres apregoados na escola, muitas vezes afastando o potencial crítico dos alunos[6]. O que deveria realmente importar na relação de ensino e aprendizagem não é a quantidade de conhecimentos adquiridos e decorados na longa estadia dentro da escola, mas a qualidade e relevância individual e social desse conhecimento:

> Ou seja, importamo-nos não com a quantidade, mas com a qualidade dos conhecimentos que oferecemos com a intenção de ajudar os alunos **a se apropriarem solidamente dos métodos científicos fundamentais para analisar as manifestações da vida. A se apropriarem dos conhecimentos indispensáveis para conquistar a vida moderna!** (Pistrak, 2002, p. 120, grifo do original)

Para atestar a validade e a relevância desse conhecimento, deve-se combater dentro da escola duas formas hegemônicas de estudo da realidade: as posições cognitivas que induzam ao extremo pragmatismo, entendendo por realidade apenas aquilo que represente as variáveis integrantes do capitalismo; e os devaneios metafísicos, nos quais se afasta a imagem refletida da realidade para longe dos determinantes estruturais, a ponto de a imagem não passar de uma ficção, não condizendo mais com as características reais do objeto analisado. É também nesses

---

6   É costume que, na maioria dos países, adotem-se como rito de passagem entre graus de ensino, formas de testar o conhecimento que remontam tempos longínquos. Mesmo escrevendo as seguintes palavras há quase um século, permanece intocável a análise de Pistrak (2002, p. 95): "Temos ainda o hábito de impor aos alunos que chegaram aos fins de seus estudos escolares a passagem por um purgatório de provas de todos os tipos e nomes: composições, trabalhos trimestrais, trabalhos práticos, revisão dos conhecimentos, etc., simples camuflagem dos exames infernais! Sempre, e sem que se possa evitar este mal, um término de escolaridade deste tipo comporta uma quantidade ininterrupta de noções puramente teóricas extraídas de apostilas, e, mais ainda, trata-se de um trabalho puramente verbal e formal, um amontoado de conhecimentos especialmente tendo em vista o exame".

motivos que se localiza a importância de se estabelecer uma independência da educação perante a religião, isto é, a escola deve ser laica.

Destinando-se à formação consciente e crítica, a gestão escolar deve preocupar-se não apenas com a organização física e dos ofícios dentro da escola, mas também precisa concentrar forças na luta por um conteúdo teórico que permita uma apreensão correta da realidade. Nesse sentido, deve-se problematizar a relação entre a produção de saber e as imposições da classe capitalista, desmistificando a tese de que o conhecimento apenas será útil quando servir ao mercado[7]. Da mesma forma, apresenta-se como crucial a negação das abordagens metafísicas que se desviam da apreensão concreta da realidade e depreciam a capacidade analítica e revolucionária das pessoas, uma vez que, enquanto

> uma abordagem metafísica do real, busca manter as pessoas afastadas da compreensão objetiva do mundo social, refugiando-se numa concepção idealista da realidade, como forma de ocultar os conteúdos que comprometem sua situação dominante, à classe operária interessa precisamente o contrário, ou seja, o desvelamento mais radical possível da realidade concreta, já que o conhecimento dessa realidade já traz, em si, um caráter revolucionário, na medida em que põe à mostra as injustiças e contradições existentes, apontando para a necessidade de sua superação. (Paro, 1988, p. 120)

É importante explicar aos alunos que, para promover a legitimação da ordem capitalista, induz-se a pensar que a sociedade é regida por leis naturais e que, por isso, de nada adiantaria atentar contra sua vigência. O homem, nessa perspectiva, tornar-se-ia um mero reprodutor da ordem estabelecida, incapaz de romper com suas determinações. Essa visão de mundo se fundamenta na ideia de que a legalidade que norteia o mundo

---

7 Expresso nas palavras de um dos maiores representantes da gestão capitalista, ao afirmar que a educação se constitui em um conjunto de ferramentas e técnicas criadas para servir ao mercado e facilitar o controle do trabalho pelo capital: "Nosso objetivo é traçar os esboços de uma nova ciência que seja intermediária entre o moderno laboratório de Psicologia e os problemas da economia: a experimentação psicológica deve ser sistematicamente colocada a serviço do comércio e da indústria" (Münsterberg, citado por Braverman, 1987, p. 125).

dos homens se dá de forma simétrica à que determina o funcionamento dos fenômenos físicos e naturais, isto é, a legalidade das ciências sociais iguala-se à legalidade das ciências exatas e naturais. Ocorre uma "homogeneidade epistemológica", resultante da "identidade entre sociedade e natureza, a dominação da vida social por 'leis naturais invariáveis'" (Löwy, 2003, p. 24), ou, ainda, como advogou Say (citado por Löwy, 2003, p. 24), que "as leis gerais que regulam as ciências políticas e morais existem a despeito das disputas... Elas derivam da natureza das coisas, tão seguramente quanto as leis físicas do mundo".

Além disso, é preciso elucidar que a equiparação entre as legalidades da vida humana e dos fenômenos naturais não constitui uma simples sugestão de análise da realidade, mas que é providencial para escamotear e até evitar a percepção das negatividades presentes no sistema capitalista. Por isso, podemos intitular essa perspectiva de *positivista*[8], uma vez que, como forma de manter e legitimar a ordem estabelecida, rechaça toda crítica que venha a explicitar negatividades existentes, confinando a análise da realidade a um exercício apologético. Com a adoção dessa forma de pensar e analisar a realidade, descartando posturas críticas que possibilitem demonstrar as contradições perpassadas, o conhecimento tende a se limitar a um escopo eminentemente operativo e instrumental e, assim, qualquer forma de pensar que ultrapasse esses limites, é tratada como abstração ou fantasia.

A gestão escolar, quando estabelecida sob essa perspectiva equivocada, destina esforços para formar o aluno a partir das determinações derivadas do mercado capitalista. Isso fica explícito, por exemplo, em Fayol, que, entre os comentários relacionados à educação, aponta que a capacitação do aluno deveria ser essencialmente realizada pelas empresas capitalistas. Para tanto, o autor afirma que o tempo que o aluno fica na escola deveria ser reduzido em proveito do mercado: "nossos futuros engenheiros permanecem muito tempo na escola" (Fayol, 1970, p. 118), quando, "a indústria, que tem precisão de jovens sadios, ágeis,

---

8   No que diz respeito à proposta positivista, vale ressaltar que, diferentemente da sua atual caracterização como legitimadora da ordem estabelecida, houve uma época em que o positivismo apresentava elementos de uma ciência progressista, como foram os casos de dois dos seus representantes: Saint-Simon e Condorcet.

sem pretensão, e diria mesmo, cheios de ilusões", apenas recebe "com frequência engenheiros fatigados, anêmicos de corpo e espírito, com menos disposição do que se poderia desejar para a execução de tarefas modestas e para os admiráveis esforços que tornam tudo fácil" (p. 145).

Como podemos perceber, fica patente nas suas palavras uma visão utilitarista da educação em que a escola deve restringir-se à formação básica para o mercado, para que os jovens cheguem à empresa sem pretensões e com ilusões para serem mais facilmente adestrados. O conhecimento crítico, nessa visão, deve ser banido e apenas informações de apologia à empresa e ao mercado capitalista devem ser aceitas. Ao fim desse processo, o poder de decisão sobre a gestão da escola não se encontra nas mãos das pessoas que integram esse espaço, como alunos, professores, coordenadores e diretores, mas nos representantes do mercado capitalista:

> Nessa questão de medida, sou de parecer que a indústria deve ter voz preponderante. É ela que utiliza os produtos das escolas; como qualquer consumidor, ela tem o direito de dizer o que deseja, o que lhe será fácil na França, por intermédio dos dois órgãos que a representam: o Comitê das Ferrarias e o Comitê das Minas. (Fayol, 1970, p. 130)

Em oposição a essas premissas, a gestão escolar se distingue em número e grau da gestão capitalista. No lugar de força de trabalho adestrada para obedecer dentro da empresa[9], têm-se, na escola, professores e alunos que foram e são formados para ter independência intelectual. Se, no interior da organização capitalista, almejam-se maiores taxas de exploração e lucro, nas escolas, a finalidade deve ser o acréscimo de conhecimento e a formação humana. Se, na gestão capitalista, o trabalhador é tratado como máquina e é empregado para executar os imperativos da gerência, dentro da gestão escolar, além de ser sujeito na relação de ensino e aprendizagem, o aluno deve ser inserido no

---

9 Como demonstra o caso de Taylor que, para melhor atender às imposições do patrão para alcançar os resultados a qualquer custo, abortou a necessidade de pensamento sobre o processo de trabalho: "Este fato lhe ensinou uma lição de grande importância: aprendeu a não oferecer razões em lugar de resultados" (Gerencer, 1982, p. 15).

processo decisório da escola. Se a empresa capitalista se estrutura pela ditadura do interesse de uma classe sobre outra, a gestão escolar deve organizar um espaço regulado pela democracia e que objetive a disseminação de uma educação direcionada ao fim de todas as formas de exploração e da divisão da sociedade em classes sociais.

Assim, concebida como antípoda da gestão capitalista, a gestão escolar que se dedique à emancipação humana possui como função primordial a disponibilização e a organização de meios necessários à formação do ser humano com uma consciência de unidade internacionalista entre os trabalhadores de todo o mundo na luta pela instauração de uma sociedade sem classes. Nas palavras de Pistrak (2002, p. 31), a educação deve ter como seu principal objetivo, "a formação de um homem que se considere como membro da coletividade internacional constituída pela classe operária em luta contra o regime agonizante e por uma vida nova, por um novo regime social em que as classes sociais não existam mais".

Além disso, outra importante distinção entre a gestão capitalista e a gestão escolar voltada para a emancipação humana é que, enquanto naquela o controle sobre o processo produtivo se restringe aos capitalistas e seus representantes, nesta as decisões sobre o funcionamento da escola devem ser efetuadas da forma mais democrática possível. Enquanto na gestão capitalista o poder de mando se encontra nas mãos dos acionistas e dos gerentes e reprime-se qualquer proposta de mudança contra essa concentração de autoridade, na gestão escolar devem prevalecer a opinião e o interesse de todos que integram a escola:

> uma teoria e prática da Administração Escolar que se preocupe com a superação da atual ordem autoritária da sociedade precisa propor como horizonte a organização da escola em bases democráticas. E para a Administração Escolar ser verdadeiramente democrática é preciso que todos os que estão direta ou indiretamente envolvidos no processo escolar possam participar das decisões que dizem respeito à organização e funcionamento da escola. (Paro, 1988, p. 160)

Na experiência prática da gestão escolar, a primeira medida para efetivar esse princípio se relaciona com a alteração da função social exercida pelo diretor. Não se trata de discutir qual a pessoa mais ética ou competente para gerir a escola, mas, principalmente, apontar para a necessidade de reformulação da concentração do poder nas mãos de uma só pessoa. Nesse sentido, não estamos colocando em questão a pessoa do diretor, até porque, muitas vezes, o próprio diretor é vítima das determinações presentes no seu ofício: "a situação de impotência do diretor, diante dos problemas graves com os quais se defronta a escola, concorre para que este tenha frustrada a realização de seu objetivo especificamente pedagógico" (Paro, 1988, p. 135). O nosso enfoque é mais amplo, visto que questionamos a própria permanência do cargo do diretor da forma como existe atualmente. A aplicação dentro da escola do princípio integrante da gestão capitalista que determina a separação entre concepção e execução constitui uma medida extremamente equivocada. Para sermos mais enfáticos, afirmamos que a escola, pela sua própria especificidade, não comporta, em nenhum sentido, a separação entre concepção e execução da mesma forma que é implementada dentro das empresas capitalistas. É, portanto, sob esse prisma, que precisamos problematizar o ofício do diretor dentro da escola.

Um dos grandes problemas que existem dentro da gestão escolar hegemônica do capitalismo é que, como o diretor tem uma função específica da chamada *burocracia*, pois se encontra atarefado com o cumprimento de imposições governamentais e voltado para a resolução de processos administrativos, ele se torna afastado da peculiaridade da educação, que é o processo de ensino e aprendizagem, estando constantemente envolvido

> com os inúmeros problemas da escola e enredado nas malhas burocráticas das determinações formais emanadas dos órgãos superiores, o diretor se vê grandemente tolhido em sua função de educador [...] [e, devido a esse fato, sobra-lhe pouco tempo] para dedicar-se às atividades mais diretamente ligadas aos problemas pedagógicos no interior da escola. (Paro, 1988, p. 133)

Como alternativa a esse quadro, o processo decisório deve se estabelecer a partir de uma ampla dinâmica de participação que recolha as opiniões de todas as pessoas que integram a escola. Como se trata de uma decisão que incide sobre o futuro de todo o grupo, então todos os interessados devem ser ouvidos e ter direito a voto.

O processo decisório não pode restringir-se ao controle de uma só pessoa, ou de um pequeno grupo de pessoas, mas deve ser socializado entre todos que integram a organização escolar. Deve-se romper com a existência de uma autoridade absoluta em torno do diretor e instalar na escola a direção por meio de um poder coletivo. Este deve ser um dos princípios da gestão escolar: "um dos objetivos da organização é quebrar a autoridade absoluta do chefe, baseada na força, substituindo-a pela autoridade do coletivo, encarregado de criar a sua vida e a sua própria organização[10]" (Pistrak, 2002, p. 195). Como tentamos desenvolver durante todo o livro, e em especial neste capítulo, a socialização do poder não se refere apenas a uma questão puramente administrativa, mas também é suporte para o desenvolvimento de uma consciência mais justa e participativa, e não se pode negar que esse é um dos ingredientes centrais para a formação das crianças e, portanto, recurso indispensável para a pedagogia.

Mesmo que se torne mais difícil para os alunos a participação de forma consciente, estes são elementos indispensáveis não somente nas decisões administrativas, mas também nas mudanças do processo pedagógico. Superando as ideias presentes no senso comum escolar, por meio da relação de reciprocidade e dependência entre os estudantes e os demais integrantes da escola, torna-se óbvia a relevância da participação das crianças no processo decisório da escola. A efetivação desse princípio não significa, portanto, um favor realizado pelos gestores da escola, pois se trata de um elemento necessário para o desenvolvimento e aperfeiçoamento dos estudantes, assim como da própria escola. Além disso, é preciso expor ainda outra verdade óbvia que aponta para a necessidade de implementação desse princípio: a criança deve, desde cedo, participar da organização da sua vida, e a escola representa uma parte central do seu desenvolvimento.

---

10 Vale ressaltar que, nessa passagem, o autor se refere à desconcentração de poder nas mãos dos chefes de quadrilhas e gangues de pequenos infratores. Contudo, reservando seus detalhes e mediações, a afirmação serve também para expressar a concentração do poder nas mãos dos diretores das escolas e a necessidade de instaurar um processo decisório que abarque todos os interessados.

Não podemos pensar nas crianças como pessoas incompletas ou incapazes que não podem tomar nenhuma decisão sobre sua vida, como se estivessem ainda numa fase prematura que as incapacitaria totalmente.

Não obstante, para não cairmos num relativismo total, é preciso salientar que, para que não apenas as crianças, mas todos os integrantes da escola possam efetivar sua condição ativa no processo decisório, faz-se necessária a existência complementar da formação da consciência, para que todos tenham capacidade de refletir sobre o que está sendo decidido. Nesse sentido, o próprio professor deve servir de parâmetro para a capacitação das crianças dentro do processo decisório da escola, desde que, como afirmamos anteriormente, o professor também esteja formado e consciente da importância da educação para um processo de emancipação humana. O acúmulo de experiências dos professores deve servir como referência para a formação das crianças, expurgando o equívoco idealista de achar que elas já possuem capacidades e conhecimentos inatos para alcançar facilmente de forma autônoma os interesses sociais:

> É preciso dizer francamente que, sem o auxílio dos adultos, as crianças podem, talvez, se organizarem sozinhas, mas são incapazes de, formular e de desenvolver seus interesses sociais, isto é, são incapazes de desenvolver amplamente o que está na própria base da auto-organização. Acrescentaríamos que o pedagogo não deve ser estranho à vida das crianças, não se limitando a observá-la. (Pistrak, 2002, p. 181)

Os professores têm um importante papel no estímulo a uma consciência coletiva e social das crianças e, por isso, devem "suscitar nas crianças preocupações carregadas de sentido social, ampliá-las, desenvolvê-las, possibilitando às próprias crianças a procura das formas de realização" (Pistrak, 2002, p. 182). A implementação desse princípio dentro da gestão escolar resulta no fato de que todas as crianças, sem exceção, devem participar ativamente do processo decisório da escola, pois "nenhuma criança deve ser dispensada das tarefas ligadas ao coletivo, ou do trabalho de organização, de caráter administrativo ou executivo. Cada um deve participar das tarefas comuns" (Pistrak, 2002, p. 204).

Diferentemente de um coletivo organizado com base na perspectiva burguesa, em que a organização das crianças se limita a aspectos psicológicos como forma de esconder e afugentar a conscientização política[11], dentro da gestão escolar voltada para a emancipação humana, além dos fatores psicológicos, o desenvolvimento das crianças também deriva da apreensão crítica dos estruturais da realidade social na qual estão inseridas. E, dessa forma, não faria nenhum sentido centrar esforços na organização de um coletivo que não incluísse em seu metier a formação de uma consciência política. Na verdade, a organização das crianças e sua integração no processo decisório da escola podem resultar num elevado grau de sensibilidade perante os problemas da coletividade, visto que se trata de um meio para "fortalecer consideravelmente o sentimento social entre as crianças" (Pistrak, 2002, p. 208).

Dois fatores são essenciais para nortear a gestão e a organização coletiva da escola na busca pela unidade de pessoas e atividades: a consciência de que todas as atividades específicas fazem parte do mesmo todo, e que a divisão do trabalho é controlada pelo trabalho coletivo, como expressa Pistrak (2002, p. 158):

> Por trabalho coletivo de grupo compreendemos em primeiro lugar: tarefa coletiva do grupo considerado como sendo uma unidade. Cada tarefa pode ser desmembrada dividida entre vários subgrupos; cada subgrupo faz então seu trabalho, mas tem consciência de que é uma parte do trabalho comum.
> Em segundo lugar, a unificação do trabalho dos diferentes subgrupos é garantida pela revisão em comum, a globalização do trabalho, o balanço. Uma organização do trabalho deste tipo revela às crianças o sentido de divisão do trabalho; torna-se evidente para eles que diferentes esforços, vindos de vários lados, podem servir para realizar uma tarefa comum. (Pistrak, 2002, p. 158)

Assim, quando se implementa uma gestão e organização da escola estruturada através de um verdadeiro coletivo consciente

---

11 Como afirma Pistrak (2002, p. 40): "quando a pedagogia burguesa imaginava a questão da auto-organização das crianças, pretendia basear-se somente nas particularidades psicológicas das crianças e, em consequência, excluir a política da escola, mas, na prática, ela apenas se adaptava às exigências de um regime social determinado".

da sua responsabilidade tanto no aspecto interno da organização, como nas suas relações de reciprocidade com a sociedade, não se estará mais em pauta uma visão quantitativa da educação, pois esta será superada pela preocupação com a sua qualidade. Em outras palavras, como o "coletivo é uma concepção integral e não um simples total referido a suas partes, o coletivo apresenta propriedades que não são inerentes ao indivíduo" e, assim, na gestão da escola, "a quantidade se transforma em qualidade" (Pistrak, 2002, p. 177).

A sinergia do processo decisório acontece porque, mesmo considerando que cada um dos integrantes desempenha funções diferentes, todos devem participar igualmente. No final, a escola estará gerida não pela exclusividade de uma determinada função, mas pelo conjunto de seus interesses:

> Em termos práticos, isso implica que a forma de administrar deverá abandonar seu tradicional modelo de concentração da autoridade nas mãos de uma só pessoa, o diretor – que se constitui, assim, no responsável último por tudo o que acontece na unidade escolar –, evoluindo para formas coletivas que propiciem a distribuição da autoridade de maneira adequada a atingir os objetivos identificados com a transformação social. (Paro, 1988, p. 160)

A partir da adoção dessas medidas, a gestão escolar irá se inserir num novo caminho, marcado não pela imposição da vontade de uma classe sobre a outra, mas pelos interesses universais. De maneira análoga ao fato de que a utilização da tecnologia pode, dependendo do seu direcionamento, servir para atender às necessidades sociais universais, a gestão escolar, quando estruturada por novos princípios organizativos, pode representar um elemento de progresso. Quando a gestão escolar é consubstanciada por ingredientes como estes que citamos anteriormente, torna-se possível a instauração de espaços sociais em que se privilegiam os interesses universais, a vontade geral e a verdadeira democracia. Nesse sentido, a gestão escolar deve fornecer ferramentas e técnicas que possibilitem o direcionamento da educação à formação da classe operária, a partir de dois focos: aquisição de conhecimento e demonstração da universalidade da classe operária:

> Assim, a educação se revela como elemento de transformação social, por um lado, no caráter pedagógico que assume a luta política da classe trabalhadora em seu esforço revolucionário com vistas à desarticulação do poder da classe burguesa e à construção do novo bloco histórico, já que "toda relação de 'hegemonia' é necessariamente uma relação pedagógica" (Gramsci, 1978a: 37), através da qual a classe que aspira à direção da sociedade procura convencer os diversos grupos sociais da universalidade e validade social de seus propósitos. Por outro lado, a educação se revela como fator de transformação social, também, em seu caráter intrínseco de apropriação do saber historicamente acumulado, na medida em que através dela, a classe revolucionária se apodera da ciência, da tecnologia, da filosofia, da arte, enfim, de todas as conquistas culturais realizadas pela humanidade em seu desenvolvimento histórico e que hoje se concentram nas mãos da minoria dominante. Esse saber, ao ser apropriado pela classe dominada, serve como elemento de sua afirmação e emancipação cultural na luta pela desarticulação do poder capitalista e pela organização de uma nova ordem social. (Paro, 1988, p. 104-105)

A gestão escolar representa, assim, um conjunto de ferramentas e técnicas que se destinam à construção de uma sociedade emancipada, na qual sejam abolidos a exploração e o domínio da classe capitalista sobre a classe trabalhadora. Como vimos, não se trata de defender uma ampliação da forma de educação vigente dentro do modo de produção capitalista, mas de lutar pela instauração de uma nova educação. Fazendo uma crítica ao projeto de programa do Partido Operário Alemão, apresentado em 1875 na cidade de Gotha, Marx (1980a, p. 223) desmistifica a defesa de uma educação igualitária dentro do capitalismo:

> **Educação popular igual?** Que se entende por isto? Acredita-se que na sociedade atual (que é a de que se trata), a educação pode ser **igual** para todas as classes? O que se exige é que também as classes altas sejam obrigadas pela força a conformar-se com a modesta educação dada pela escola pública, a única compatível com a situação econômica, não só do operário assalariado, mas também do camponês? [grifo do original]

Conforme já abordado anteriormente, ao difundir a fantasia de uma educação igualitária, os ideólogos do capitalismo objetivam escamotear as contradições sociais advindas do espaço produtivo para criar a ilusão de que a educação seria a responsável pela ascensão social, visto que no senso comum, quando o aluno se dedica e estuda muito ele consegue ascender socialmente. Além disso, é preciso elucidar que a educação nunca será igual numa sociedade de classes, pelo simples motivo que classes diferentes possuem interesses e objetivos diferentes: ainda que a classe capitalista tenha, em caso extremo, a formação de seus filhos realizada em escola que atende também filhos da classe trabalhadora, dificilmente permitirá que eles realizem, no futuro o trabalho desses colegas de turma. A escola, nesse sentido, representa um sintoma da estrutura social fundamentada no antagonismo da produção. Para ser modificada e destinar-se aos interesses universais, a educação precisa integrar-se numa revolução que transforme a sociedade e destrua as classes sociais. Apenas quando superar a relação de dependência com o mercado capitalista, a educação poderá servir efetivamente ao progresso da sociedade, inclusive como forma de ampliar a socialização da riqueza para todos:

> Outra condição da elevação da produtividade do trabalho é, em primeiro lugar, o ascenso cultural e educativo da massa da população. Este ascenso realiza-se agora com uma rapidez enorme, coisa que não veem as pessoas cegas pela rotina burguesa, incapazes de compreender quão grande é o impulso para a luz e o espírito de iniciativa que se desenvolve agora entre as 'camadas inferiores' do povo, graças à organização soviética. (Lênin, 1980a, p. 573)

A gestão escolar que defendemos serve como suporte para esse processo revolucionário. É claro que uma gestão escolar que tenha o ser humano como centro das atenções e que invista na formação da consciência crítica das pessoas em busca de um controle social efetivamente participativo e democrático apenas pode ser realizado na dinâmica de transição para uma sociedade sem classes sociais, mas, até lá, são necessárias várias experiências que tenham por base esses princípios e valores. A gestão escolar precisa se direcionar para uma característica ao mesmo tempo simples e decisiva: organizar a escola de tal forma que as crianças tomem decisões justas. A escola "deve ser organizada de forma tal que a própria criança seja obrigada diariamente, pela dinâmica mesma da vida escolar, a se colocar, para depois resolver a questão 'eu e os outros' e a resolvê-la da única forma justa", e que se situe "diante de questões que não podem deixar de ser colocadas pela vida e que exigem uma resposta sem ambiguidades" (Pistrak, 2002, p. 107).

Atividades

1. Comente a seguinte passagem: "Mesmo com os mais diversos imperativos para modelar o comportamento, ainda assim permanecem tanto na mentalidade do trabalhador como na do aluno elementos que possibilitam uma resistência contra as determinações do modo de produção capitalista".

2. Você concorda com a reprodução dos princípios da gestão capitalista dentro da gestão e organização da escola? Por quê?

3. De que forma a gestão escolar deve se relacionar com a classe trabalhadora?

4. Dentro da gestão da escola, o aluno deve ser visto apenas como um objeto passivo? Explique sua posição.

5. Quem deve participar da gestão da escola? Justifique sua resposta.

Indicações culturais

MACHUCA. Direção: Andrés Wood. Produção: Mamoun Hassan, Gerardo Herrero e Andrés Wood. Chile/Espanha: Mais Filmes, 2004. 121 min.

O filme enfoca as mudanças numa escola tradicional do Chile, durante o governo socialista de Allende, demonstrando as diferenças ideológicas e de classes sociais dos alunos e dos pais.

O ENCOURAÇADO Potemkin. Direção: Sergei Eisenstein. Produção: Jacob Bliokh. URSS: Goskino, 1925. 75 min.

O filme retrata o motim dos marinheiros no navio Potemkin, que ocorreu no ano de 1905, contra as péssimas condições de trabalho da tripulação, em especial da precária alimentação, além de demonstrar a revolta da população contra a monarquia russa.

OUTUBRO. Direção: Sergei Eisenstein e Grigori Aleksandrov. Produção: Sovkino. URSS: Amkino, 1927. 103 min.

O filme ilustra os principais acontecimentos que conduziram à Revolução de Outubro na Rússia, desde a organização dos revolucionários e suas principais manifestações contra a classe dominante até a chegada de Lênin.

Referências

AMATO, F. GM transfere investimento, e cidade critica sindicato. *Folha de São Paulo*, 24 abr. 2008.

ANDERSON, P. Balanço do neoliberalismo. In: SADER, E.; GENTILI, P. (Org.). *Pós-neoliberalismo*: as políticas sociais e o Estado democrático. 6. ed. São Paulo: Paz e Terra, 2003. p. 9-38.

BRAVERMAN, H. *Trabalho e capital monopolista*: a degradação do trabalho no século XX. 3. ed. Tradução de: Nathanael C. Caixeiro. Rio de Janeiro: Guanabara, 1987.

BRECHT, B. *A santa Joana dos matadouros*. Rio de Janeiro: Paz e Terra, 1990. (Coleção Leitura).

CALDART, R. S. Introdução. In: PISTRAK, M. *Fundamentos da escola do trabalho*. 2. ed. Tradução de: Daniel Aarão Reis Filho. São Paulo: Expressão Popular, 2002. p. 7-15.

COUTINHO, J. P. Capitalista sofre, camaradas. *Folha de São Paulo*, 1º jul. 2008.

D'ÁVILA, S. "Estatizações" já custaram US$ 1 trilhão ao governo dos EUA. *Folha de São Paulo*, 18 set. 2008.

DOSTOIÉVSKI, F. *Crime e castigo*. 4. ed. Tradução de: Paulo Bezerra. São Paulo: Ed. 34, 2007. (Coleção Leste).

ENGELS, F. Discurso diante da sepultura de Marx. In: MARX, K.; ENGELS, F. *Obras escolhidas*. São Paulo: Alfa-Omega, 1980a. p. 349-350. v. 2.

_____. Do socialismo utópico ao socialismo científico. In: MARX, K.; ENGELS, F. *Obras escolhidas*. São Paulo: Alfa-Omega, 1980b. p. 281-336. v. 2.

_____. Sobre o papel do trabalho na transformação do macaco em homem. In: MARX, K.; ENGELS, F. *Obras escolhidas*. São Paulo: Alfa-Omega, 1980c. p. 267-280. v. 2.

FAYOL, H. *Administração industrial e geral*. 8. ed. Tradução de: Irene de Bojano e Mário de Souza. São Paulo: Atlas, 1970.

FONTES, V. Capitalismo, exclusões e inclusão forçada. In: ____. *Reflexões im-pertinentes*: história e capitalismo contemporâneo. Rio de Janeiro: Bom Texto, 2005. p. 19-50.

FREIRE, P. *Pedagogia dos sonhos possíveis*. São Paulo: Ed. da Unesp, 2001.

GERENCER, P. Vida e obra de Taylor. In: TAYLOR, F. W. *Princípios de administração científica*. 7. ed. Tradução de: Arlindo Vieira Ramos. São Paulo: Atlas, 1982. p. 11-23.

GÓGOL, N. V. *Almas mortas*. Tradução de: Tatiana Belinky. São Paulo: Abril Cultural, 1972. (Coleção Os Imortais da Literatura Universal, n. 42).

GORENDER, J. Introdução. In: MARX, K. *Para a crítica da economia política*. Salário, preço e lucro. O rendimento e suas fontes: a economia vulgar. 2. ed. Tradução de: Edgar Malagodi. São Paulo: Nova Cultural, 1986. p. VII-XXIII. (Coleção Os Economistas).

GRAMSCI, A. *Maquiavel, a política e o Estado moderno*. 8. ed. Tradução de: Luiz Mário Gazzaneo. Rio de Janeiro: Civilização Brasileira, 1991.

____. *Os intelectuais e a organização da cultura*. 3. ed. Tradução de: Carlos Nelson Coutinho. Rio de Janeiro: Civilização Brasileira, 1979.

HARVEY, D. *Condição pós-moderna*: uma pesquisa sobre as origens da mudança cultural. 14. ed. Tradução de: Adail Ubirajara Sobral e Maria Stela Gonçalves. São Paulo: Loyola, 2005.

HUNT, E. K.; SHERMAN, H. J. *História do pensamento econômico*. 4. ed. Petrópolis: Vozes, 1985.

KATZ, C. Marx e a tecnologia. In: COGGIOLA, O. *Marx e Engels na história*. São Paulo: Xamã, 1996. p. 399-416.

KUENZER, A. Z. As políticas de formação: a constituição da identidade do professor sobrante. *Revista Educação e Sociedade*, Campinas, ano XX, n. 68, p. 163-201, dez. 1999.

LAVAL, C. *A escola não é uma empresa*: o neo-liberalismo em ataque ao ensino público. Tradução de: Maria Luiza M. de Carvalho e Silva. Londrina: Planta, 2004.

LÊNIN, V. I. As tarefas imediatas do poder soviético. In: ____. *Obras escolhidas*. São Paulo: Alfa-Omega, 1980a. p. 557-587. v. II.

____. Sobre a cultura proletária. In: ____. *Obras escolhidas*. São Paulo: Alfa-Omega, 1980b. p. 398. v. III.

LESSA, S. *Trabalho e proletariado no capitalismo contemporâneo*. São Paulo: Cortez, 2007.

____. Trabalho, trabalho abstrato, trabalhadores e operários. In: BOITO, A. (Org.). *Marxismo e ciências humanas*. São Paulo: Xamã, 2003. p. 259-268.

LÖWY, M. As aventuras de Karl Marx contra o Barão de Münchhausen: marxismo e positivismo na sociologia do conhecimento. 8. ed. Tradução de: Juarez Guimarães e Suzanne Felicie Léwy. São Paulo: Cortez, 2003.

LUKÁCS, G. História e consciência de classe: estudos sobre a dialética marxista. Tradução de: Rodnei Nascimento. São Paulo: M. Fontes, 2003. (Coleção Tópicos).

_____. Ontologia del ser social: el trabajo. Buenos Aires: Herramienta, 2004.

MARX, K. A acumulação primitiva do capital. 2. ed. Porto: Publicações Escorpião, 1974.

_____. Capítulo VI inédito de O Capital: resultados do processo de produção imediata. 2. ed. Tradução de: Klaus Von Puchen. São Paulo: Centauro, 2004.

_____. Crítica ao Programa de Gotha. In: MARX, K.; ENGELS, F. Obras completas. São Paulo: Alfa-Omega, 1980a. v. 2.

_____. O 18 Brumário. In: _____. O 18 Brumário e Cartas a Kugelmann. 6. ed. Tradução de: Leandro Konder e Renato Guimarães. São Paulo: Paz e Terra, 1997. p. 19-159.

_____. O capital: crítica da economia política. 2. ed. Tradução de: Regis Barbosa e Flávio Rothe. São Paulo: Nova Cultural, 1985a. (Coleção Os Economistas). v. 1.

_____. _____. 2. ed. Tradução de: Regis Barbosa e Flávio Rothe. São Paulo: Nova Cultural, 1985b. (Coleção Os Economistas). v. 2.

_____. Para a crítica da economia política. In: _____. Para a crítica da economia política. Salário, preço e lucro. O rendimento e suas fontes: a economia vulgar. 2. ed. Tradução de: Edgar Malagodi. São Paulo: Nova Cultural, 1986. p. 1-132. (Coleção Os Economistas).

_____. Teorias da mais-valia: história crítica do pensamento econômico. Rio de Janeiro: Civilização Brasileira, 1980b. v. I.

_____. _____. Rio de Janeiro: Civilização Brasileira, 1980c. v. II.

MARX, K.; ENGELS, F. A ideologia alemã: crítica da filosofia alemã mais recente na pessoa dos seus representantes Feuerbach, Bruno Bauer e Stirner, e do socialismo alemão na dos seus diferentes profetas. 3. ed. Tradução de: Conceição Jardim e Eduardo Lúcio Nogueira. Lisboa: Presença; São Paulo: M. Fontes, 1973. v. 1.

_____. Manifesto do Partido Comunista. In: AARÃO REIS FILHO, D. (Org.). O manifesto comunista 150 anos depois. Rio de Janeiro: Contraponto; São Paulo: Perseu Abramo, 1998. p. 7-41.

NETTO, J. P. Sade e a contraface do liberalismo. In: _____.

Democracia e transição socialista: escritos de teoria e política. Belo Horizonte: Oficina de Livros, 1990. p. 13-37.

NEVES, L. M. W.; SANT'ANNA, R. Gramsci, o Estado educador e a nova pedagogia da hegemonia. In: NEVES, L. M. W. (Org.). *A nova pedagogia da hegemonia*: estratégias do capital para educar o consenso. São Paulo: Xamã, 2005. p. 19-39.

O SUBMUNDO da cana. *Folha de São Paulo*, 24 ago. 2008. Caderno Mais.

OLIVEIRA, E. de. *Toyotismo no Brasil*: desencantamento da fábrica, envolvimento e resistência. São Paulo: Expressão Popular, 2004.

OLIVEIRA, F. de. Passagem na neblina. In: OLIVEIRA, F. de; STÉDILE, J. P.; GENOÍNO, J. *Classes sociais em mudança e a luta pelo socialismo*. São Paulo: Perseu Abramo, 2000. p. 7-22. (Cadernos Socialismo em Discussão).

PALMEIRA SOBRINHO, Z. *Terceirização e reestruturação produtiva*. São Paulo: LTr, 2008.

PAOLI, N. J. *Ideologia e hegemonia*: as condições de produção da educação. São Paulo: Cortez, 1981.

PARO, V. H. *Administração escolar*: introdução crítica. 3. ed. São Paulo: Cortez; Autores Associados, 1988.

PINTO, G. A. *A organização do trabalho no século 20*: taylorismo, fordismo e toyotismo. São Paulo: Expressão Popular, 2007.

PISTRAK, M. *Fundamentos da escola do trabalho*. 2. ed. Tradução de: Daniel Aarão Reis Filho. São Paulo: Expressão Popular, 2002.

RERUM NOVARUM. Carta encíclica de sua santidade o papa Leão XIII sobre a condição dos operários. 13. ed. São Paulo: Paulinas, 2002.

RODRIGUES, F. EUA criam ajuda de US$ 200 bi a imobiliárias. *Folha de São Paulo*, 8 set. 2008.

SANTOS, A. de F. T. dos. "O novo ensino médio agora é para a vida": neoliberalismo, racionalidade instrumental e a relação trabalho-educação na reforma do ensino secundário. *Trabalho & Crítica*: anuário do GT Trabalho e Educação/Anped, Florianópolis, n. 3, p. 217-233, 2002.

TAYLOR, F. W. *Princípios de administração científica*. 7. ed. Tradução de: Arlindo Vieira Ramos. São Paulo: Atlas, 1982.

TRAGTENBERG, M. Prefácio. In: PAOLI, N. J. *Ideologia e hegemonia*: as condições de produção da educação. São Paulo: Cortez, 1981. p. 7-10.

Nota sobre os autores

Henrique Wellen é graduado em Administração de Empresas e Administração Pública pela Universidade Federal da Paraíba (UFPB), mestre em Administração pela Universidade Federal do Rio Grande do Norte (UFRN) e doutor em Serviço Social pela Universidade Federal do Rio de Janeiro (UFRJ). É professor do Centro de Ciências e Economia da Universidade Federal de Alfenas (Unifal). Suas temáticas de pesquisa são gestão organizacional, ciências sociais, filosofia, educação e ética, tendo publicado vários artigos nessas áreas. Das disciplinas lecionadas, entre outras, constam Sociologia do Trabalho, Sociologia da Administração, Ética nas Organizações, Ciências Sociais e Filosofia da Ciência.

Héricka Wellen é graduada em Letras pela Universidade Federal de Campina Grande (UFCG), mestre em Educação pela Universidade Federal do Rio Grande do Norte (UFRN) e doutoranda em Educação pela Universidade de São Paulo (USP). É integrante do Grupo de Estudos e Pesquisa sobre Administração Escolar (Gepae/USP). Suas áreas de estudo são administração escolar, educação, didática e políticas públicas para o ensino médio, tendo publicado vários artigos sobre esses temas. Das disciplinas lecionadas, entre outras, constam Didática, Prática de Ensino, Língua Portuguesa e Jogos e Técnicas para o Ensino de Língua Portuguesa.

Os papéis utilizados neste livro, certificados por instituições ambientais competentes, são recicláveis, provenientes de fontes renováveis e, portanto, um meio responsável e natural de informação e conhecimento.

FSC
www.fsc.org
MISTO
Papel produzido a partir de fontes responsáveis
FSC® C107644

Impressão: Gráfica Mona
Dezembro/2017